An Approach to Channel Linkages in Market Distribution

Tamura Koichi

流通チャネル・リンケージ論 第2版

マーケティングとロジスティクスの均衡をめざし

田村公一［著］

中央経済社

第2版への序

『流通チャネル・リンケージ論』の初版が出版されてから約10年の歳月が経過した。その間に，IT革命に端を発するインターネットがグローバル化の進展とともに急速に普及し，5G導入以降における情報通信能力の飛躍的な高度化が進む現在では，パソコンやスマートフォンなどの情報機器のみならず，世の中のあらゆるモノがネットにつながるIoT社会という新しい次元の展開が胎動をみせ始めている。

IoT（internet of things）は，自動車の自動運転にとどまらず鉄道，バスなどの公共交通，また，電力，ガス，水道などのライフラインの供給システムにいたるインフラストラクチャー全般の動きを，センサー技術を駆使して可能な限りデジタル情報に取り込み，その集積としてのビッグデータをベースにAI（人工知能）がディープラーニング制御を効率的に実施することを目指している。

スマートグリッドやスマートシティ構想の実験は，オフィス，家庭，工場，店舗，交通，物流，金融，医療，ライフライン，サイバーセキュリティなどをIoT化していく試みであり，このようなデジタル・エコノミーの拡大はチャネル・リンケージに関与する経済主体のビジネスプロセスを大きく変貌させる。

既に日常生活において，ユーチューブの視聴中にリターゲット広告の追跡で欲望を喚起され，ネット通販のみならずAmazon Goのようなレジ不要で無人のリアル店舗でもスマホ決済が実用化されており，ビッグデータに蓄積され分析された個人の検索履歴や購買履歴の情報活用がマーケティングの精度を日々高めていることを実感させられる。

このような動向をふまえ，改訂版ではチャネル・リンケージの補完要件として重要度を増してきたITおよびIoTに関する内容を充実させるとともに，そこでのイノベーションを前提として展開するモバイル・マーケティングの進化について大幅な加筆修正を行った（第8章）。また，初版でのブランド・マネジメントに関する考察を補足するため，ブランドの価値提案と階層性（第6章）という新たな章を付け加えることにした。

さらに，補遺としてではあるが，デジタル・エコノミーを牽引してきたアメリカ西海岸の起業家精神の役割と貢献に思いを馳せ，シリコンバレーのスタートアップカンパニーと起業支援環境の独自性について検討し，情報化社会への移行における日米両国の適応力の相違点を考える材料としたい（第９章）。

ISDN網を早期に実用化し，デジタルデータ活用による商品流通の効果的な制御を追求したロジスティクス・システムとしてのジャスト・イン・タイム物流で世界の先頭を走っていた日本がユビキタス社会の構築に遅れを取り，アメリカのIT革命にデジタル覇権を握られネット敗戦を喫することになる一連の経緯を省察する上での一助になればと考えている。オンライン（ネット通販）の次元でも，オフライン（リアル店舗）の次元でも，商品流通のチャネル・リンケージ進化における成功の鍵は，顧客ニーズに裏打ちされたデジタルデータ活用の巧みさに存在するからである。

最後に，現在の厳しい出版事情の中，このたび改訂版の出版をお引き受け頂き，ご尽力下さった㈱中央経済社・学術書編集部の浜田匡氏のご高配に対し深い謝意を表する次第である。

2020年１月

田村公一

まえがき

企業経営におけるロジスティクス問題の所在は，1980年代の景気低迷にあえぐアメリカ合衆国において，費用削減のフロンティアとして強く認識され始めた経緯がある。そして，情報技術（IT）の高度化と並行するかたちで合理化・システム化が推進され，精度の高い顧客データを前提とする市場分析能力を軸に，供給業者から顧客にいたる財貨移動の費用対効果を最大化させる目的で，諸々のマネジメント技法が開発されてきた。

さらに，1990年代に入ると，商品流通という多段階プロセスにおいては，個々の企業のロジスティクス最適化が，チャネル全体として疑似最適化を生むという新たな認識が高まった。そこで，顧客満足度の向上を目指して，複数の「製・配・販」企業同士が機能的リンケージをトータルデザインすることによってwin-winパートナーシップを構築する，戦略的提携としてのサプライチェーン・マネジメントが主流となり，ロジスティクス管理はそこに内包されるかたちとなった。

それゆえ，費用削減の追求と需要創造の志向を同時に満たす戦略的な企業間関係は，顧客データの創造的な相互活用（情報共有化）をベースとした，効率的な供給連鎖の設計が出発点となる。

本書は，「マーケティングとロジスティクス」の均衡を目指して試行錯誤を繰り返してきたリーディング・カンパニーのチャネル・リンケージ行動とマネジメント諸説を関連づけ，現代的な視点に立って，その経営学上の意味づけと評価を試みた論考である。

いわゆるロジスティクス関連の専門書は，輸送，保管，荷役，検品，包装などに関わる物流費用の低減を目指したトータルコスト・アプローチが一般的であるが，ここでは，マーケティングにとってのロジスティクスの存在意義に焦点が当てられており，顧客ニーズの最前線に位置する小売段階を起点として，完成品→半製品→原材料へと遡るディマンドチェーンについて，根拠のある需要情報により計画・制御しうる経済主体の企業行動を研究対象としている。

それは，NB（national brand）としての消費財を企画・生産する製造企業よりもむしろ，高感度・高品質のPB（private brand）をマーチャンダイジングの次元で編集，構成，提案しうる組織能力をもつ流通企業に主眼を置いた考察になることを意味している。

科学的管理法を端緒とするIE（industrial engineering：経営工学）から歩みを始め，OR（operations research：オペレーションズ・リサーチ）を援用しながら，MRP（material requirements planning：資材所要量計画），JIT（just-in-time：トヨタ生産方式）へと発展してきた生産システムとしてのロジスティクス・マネジメントは，その後，DRP（distribution requirements planning：物流所要量計画），QR（quick response：短納期生産供給），ECR（efficient consumer response：効率的消費者対応），SCM（supply chain management：供給連鎖管理）という流通システムの領域に応用され，売場レベルのカテゴリー・マネジメントに連動するかたちで，需要創造活動としてのマーケティングとの均衡を視野に入れる段階に到達した。本書は，このような角度から行論される。

第１章では，この意味において本書の着想の中核をなし，マーケティング研究のパイオニアであるA.W.Shaw（ショー）が，「需要の漏出（leakage of demand）」という言葉で指摘したマーケティングとロジスティクスの不均衡問題の真相を再検討した。

第２・３・４章では，顧客起点の機能的連係（チャネル・リンケージ行動）に関する展開過程について論じ，第５章ではマーケティング・コミュニケーションの視角から需給接合の可能性を探った。

また，付論として，ユニークな流通形態を特徴とする財・サービス市場のケーススタディを第６・７・８・９章で取り上げた。流通研究の発想転換を促す材料を提供するテキストの役割をも本書が担えればと考えている。

本書の基礎は，ロジスティクスに関するものをベースとして，これまで筆者が10年以上の年月にわたって発表してきた諸論文である。今から見れば欠点も多く，一冊の書物にまとめるには，新しく書き加えねばならない箇所もあるが，執筆当時の業界のダイナミズムをリアルに描写するために，文脈上，あえて文章やデータに手を触れなかった部分があることをお断りしておきたい。今は，大方の批判を仰ぐよりほかはない。

本書の刊行にあたっては，多くの先学や同学の学恩に負うところが極めて大きい。筆者のマーケティング研究の当初から今日まで，三浦信先生（京都産業大学名誉教授）には，常に暖かいご指導を給わり，この機会に厚く御礼を申し上げたい。また，大学院時代より公私にわたって適切なご助言を頂き，大きな支えとなって下さった田中道雄先生（大阪学院大学教授）に深い感謝の意を捧げたい。

さらに，「次世代流通企業研究会」では，菅原正博先生（宝塚大学教授）を中心として，多彩な研究分野の先生方から強い刺激を受け，来住元朗先生（近畿大学名誉教授）には消費者行動論，増田大三先生（近畿大学教授）には流通システム論，市川貢先生（京都産業大学教授）には価格戦略論の視点から，それぞれ有益なご教示を頂いてきた。改めて御礼を申し述べる次第である。

この他にも，日夏嘉寿雄先生（帝塚山大学教授），濱田恵三先生（流通科学大学教授），稲田賢次先生（大阪学院大学専任講師）には，共著出版の折などに啓発して頂き，今光俊介先生（鈴鹿国際大学准教授）には，個人的交際を通じてご助言を給わり，感謝にたえないところである。なお，私事で甚だ恐縮ながら，研究者の道を歩ませてくれた父留五郎と母良衛に本書を捧げたい。

最後になったが，本書の出版をお引き受け下さった㈱中央経済社と，本書の誕生に大きな力を貸して下さった経営編集部の市田由紀子氏に，かりそめならぬ深い謝意を表したい。

2011年１月

田村公一

目　　次

第1章

マーケティングと流通問題
—A.W.Shaw（ショー）の物的流通観—

第1節　はじめに

19世紀後半におけるアメリカ合衆国の経済史上の展開の中で，最も顕著な事柄は製造業のビッグ・ビジネス化であろう。大量生産方式によって工場から溢れ出る膨大な製品は，際限なく買手を探し求め，大量消費市場が必要とされる経済への移行が準備されつつあった。当時の商品流通は販売代理商，販売代理店およびジョバーなどの中間商人によって握られており，既存の販売方式に不満をもつ野心的な企業家たちは，自ら全国的なマーケティング・チャネルの構築に乗り出した。その方策を促進した諸要因として，絶え間ない移民による人口増加および都市への人口集中という国内市場の創出があげられるが，さらに，鉄道網や通信網の拡張が企業の市場進出のための格好の手段となったことも重要である[1)]。

このような時代背景の中で，社会経済的に要請される企業の活動と，そこから蒸留される方法論との間には，密接な関係が存在するものと推測される。当時の合衆国における経済システムの変化は，現代の大衆消費社会の祖型を創出したという意味において重要であり，そこでの企業活動の展開と理論の成立および問題意識のあり方との関連性を解明することは有意味なことのように思われる。

そこで本章では，19世紀後半から20世紀初頭にかけてのアメリカ合衆国におけるビッグ・ビジネスのマーケティング活動を概観し，同時期にマーケティングの先駆的研究を行ったA.W.ショー（A.W.Shaw）の体系との関連性を検討してみたい。特にここでは，企業の活動領域が，地域分散市場から全国市場へと拡大するに及んで発生してくる流通問題（商流と物流の調整）に焦点をあて，それに対するショーのアプローチの独自性を明確にし，今日的意義を探ることにする。

第2節　全国市場形成期における企業活動と流通問題

アメリカ経営史の知見によれば，企業のマーケティング諸活動発生の契機は，寡占経済の成立や独占利潤の追求に直接的に起因しているのではなく，製品の特性や潜在需要の積極的な開拓，テクノロジーの進歩，インフラストラクチャーの整備など，業種ごとの特殊の事情に求められるべきであることが指摘されている[2)]。したがって，19世紀後半以降の全国市場の形成もまた，全ての産業に共通して勃興してきた潮流ではなく，特定の産業に存在する固有の事情によって展開してくる態様であることに注意しなければならない。その典型的な事例として，ミシン製造業，精肉加工業，農産物加工業，写真用品製造業の４つの産業について以下で検討してみよう。

【1】シンガー社は，南北戦争期（1861－65年）の軍服需要増加を追い風として，その後，着実に市場シェアを伸ばしてきたミシン製造業である。ミシン産業は，1850－1900年にかけて，企業の参入数は222社，撤退数は175社という競争の激しい業界であり，1907年にシンガー社がライバル会社のウィラー&ウィルソン社を合併した時点で過当競争は終息し，同社の独走体制が確立することになる。

シンガー社の販売経路政策は３つの段階を経て発展する[3)]。第一に，創業時の活動は，販売権委譲をともなう販売代理商方式と呼ばれるもので，運転資金にさえこと欠く零細経営の状況下で，販売施設にまで資金を投下する余裕がなかった同社は，不特定多数の製造業者の商品を扱う中間商人に依存した。しかし，生産コストの圧縮による低価格政策の推進を試みた折，販売代理商側が旧価格のままで販売するという不都合が生じたため，特約代理店方式に乗り出さざるをえなくなった。

そこで，第二に採用されたのがフランチャイズ制による特約代理店方式であった。これは排他的な商品取り扱いを中間商人に強制する政策であり，具体的には，①競合企業の商品取り扱い禁止，②再販売価格維持の指示，③テリトリー制および販売業者割引の適用などを行使するものであり，1856年以降，積極的な転換が推進されていったのである。

第三の段階は，自社直販制による直営支店方式であり，1878年11月にエドワード・クラーク社長が組織再編成最終計画を提案して以来，全国市場に対する直販体制が構築され始める。シンガー社の販売経路は，本社（principal office）→地域中央支店（central office）→販売支店（branch office）または営業所（subordinate office）という形態で構成され，1910年には16中央支店，82代理店，530小売店が全米で運営されていたという記録が残されている[4)]。

シンガー社が全国市場の形成に際し前方統合を行い，直営型の排他的な販売経路の構築を目指した理由は次の３点に要約される。先ず，手縫いの裁縫が一般的であった当時，ミシンという全くの新製品の販売にあたって，その使用方法を実演し，教育し，また故障時には修理サービスを行う必要から，セールスマンの技術的熟練が不可欠の要件となり，既存の中間商人では満足な対応ができなくなったことがあげられる。ニューヨーク工場から派遣される技術者が，デモンストレーション，修理サービス，地域的ニーズの即時報告など，技能的業務を遂行するためには，部品や付属品などが充分に在庫されている直営支店が販売力強化に威力を発揮することとなった。

次に指摘されるのは，直営支店維持コストの優位性の問題である。その内訳は，店舗賃借料，給料，広告費，特許権侵害訴訟ほかの法律関連コストなどであるが，費用対売上高比率の推移を見れば，ボストン支店の場合，1852年の創立時に126.5%であったのが，翌年以降20－30%程度となり，好成績の特約代理商への販売手数料が30%であることから，費用対効果の点で，直販体制の強化が採択されるようになる。さらに，割賦販売を導入するにあたって，消費者の代金返済完了までの金融負担に，外部の代理商が耐えられなくなったことも，直販強化の一因としてあげることができる。

最後は，H.E.クルース（H.E.Krooss）とC.ギルバート（C.Gilbert）によって指摘されている企業の節税対策である。南北戦争中，戦費調達のため国家財政が逼迫していた合衆国政府は，1862年および1864年に消費税の増税を実施した。「サービスの向上と費用削減のために，会社は徐々に代理店を吸収し始めた。こうした垂直的統合への動きは，実は南北戦争中に実施された奇妙な課税制度に刺激されて生じたものであった。当時，連邦政府は販売が行われるたびに課税した。したがって，一連の多様な業者の手を経た最終製品は，そこに介在した業者の数と同じ回数だけ課税されていた。他方，生産から販売までを統合した生産者により生産された製品が課税されるのは，ただ１回だけであった。統合は明らかに課税上有利であった[5)]」。これら３つの障害を克服するため，シンガー社の販売経路政策は中間商人の排除傾向を強め，自社製品の優先的取り扱いを遂行する販売機関の構築を積極的に推進していくことになるのである。

【2】スイフト社は，強度の腐敗性という製品特性をもつ牛肉販売における遠隔地配送の困難性を，冷凍技術をベースとしたマーケティングにより克服し，徐々に巨大化していった食肉加工業者である。

伝統的な精肉業は，冬期に豚を屠殺・解体して，塩漬けされた肉を樽詰めする季節産業であった。鉄道時代に入っても屠殺地を中心として半径100マイルを限界とする地域分散市場をカバーしていたにすぎず，1860年代，畜牛の生体輸送に依存していた精肉業界は，未だ非集中的な市場構造を呈していた。しかし，もし畜牛が中西部で屠殺・処理され，冷凍で鉄道輸送できるようになれば，食用に適さない60%の不要部分についての輸送コストを節約することができ，精肉業者の販路は一挙に全国市場（1,000マイル市場）へと拡大しうる可能性をはらんでいた。1834年，J.パーキンスによってコンプレッサー製氷機が発明されて以後，1870年代にはボイル・アイス・マシン社が設立され，日限品の冷凍輸送を実現するための条件は徐々に整いつつあった[6)]。そこで，スイフト社は自社の市場標的を東部大都市の巨大な潜在市場に設定し，処理された牛肉に冷凍による長期保存性（3－4週間）という付加価値をもたせて製品差別化をはかり，中西部の大規模な処理工場と全国的な営業所網を直結する大量流通体制の構築および規模の経済性の実現を目指した。

当初，スイフト社は既存の流通経路を利用して自社製品の販売を試みた。その際，独立のジョバーは，スイフト社が公正な管理価格として設定した卸売価格の代金支払いを拒否する現象がしばしば発生し，価格政策上，直営の販売経路（地方ジョバーとのパートナーシップを含む）を創設せざるをえなくなった（なお，ジョバーが公正価格を拒否したのは，小売商への販売までの期間における万一の牛肉腐敗を恐れたためであり，在庫の見切り処分を実施する際の採算上の不都合が，スイフト社の再販売価格維持政策との間に矛盾を引き起こしたことに起因している）。また，独立のジョバーには大規模な冷凍倉庫に投資する余力が無かったり，消極的であったために，スイフト社は1880年代に全国規模の販売経路構築に乗り出すこととなる。直営の営業所システムは，各種等級の牛肉，豚肉，羊肉のフルライン化のみならず，マーガリンや合成ラード，石鹸やニカワなどの副産物の市場化に重要な役割を果たした。

冷凍牛肉が全国市場へと普及していくプロセスにおいて，広告活動は不可欠の要素であった。遠隔地でかなり以前に屠殺・処理された牛肉を食べる習慣をもっていなかった当時のアメリカ人にとって，冷凍牛肉に対する偏見は抜き難いものであった。さらに，地場食肉産業を保護する目的で，全国精肉商防衛協会などによって行われた反対運動や脅迫的なキャンペーンがそれに追い討ちをかけ，スイフト社はこれらの偏見を払拭するために積極的な広告活動を必要としたのである。

スイフト社によるこれらのマーケティング活動は好結果をもたらし，他社もこれに追随して，1890年代までに精肉業界は，アーマー，モーリス，ナショナル精肉，カダヒー精肉，シュワルツシルト&ザルツバーガーの計6社による全国的優位が確立する。これはすなわち，精肉加工業にみられるマーケティングが，合併運動の開始されるかなり以前に効果的に遂行され，その結果として，食肉産業の寡占構造化が形成されていったことを意味している[7)]。

精肉業者の販売経路政策については，連邦取引委員会による1919年の調査報告書が詳細な記録を残している[8)]。1865年，シカゴの鉄道ターミナルに初めて設置された合同家畜取引所を皮切りに，今世紀初頭には全米50カ所に卸売市場が開設され，全国家畜取引の約70%がこれらのマーケットに集約されていた。大手精肉業者は各地の鉄道ターミナルに処理工場を分散立地させ，取引所から大量購入した畜牛を屠殺・解体し（精肉加工），全国に配置された直営卸売店に向けて，自家用冷凍貨車を用いて鮮肉を配送した。冷凍貨車は，1869年にW.デイビスによって実用化され，1875年のスイフト社による本格的導入以降，1917年には全国合計16,875両が実際に稼働していた。当時のビッグ5の内訳をみると，スイフト社：6,938両，アーマー社：10,296両，モーリス社：2,731両，ウィルソン社：1,832両，カダヒー社：1,454両の冷凍貨車を保有しており，また冷凍倉庫は，同年，全国総床面積の44.8%をビッグ5が占めており，スイフト社：14.9%，アーマー社：13.3%，モーリス社：6.7%，ウィルソン社：5.5%，カダヒー社：4.4%という占有状況であった[9)]。

たとえば，アーマー社の全国展開をみると，精肉工場を16カ所に分散立地させており，5大家畜取引所があるシカゴ，オマハ，東セントルイス，スーシティー，フォートウォースに自社の主力工場を拠点として設置しているのをはじめ，他に持株支配により買収した精肉企業を9カ所，また2社と委託生産契約を結んで生産体制を充実させている。畜牛の購買業務は，シカゴに設置されている総括購買事務所が担当しており，買付長が命令するシカゴ指図に従い，全国50カ所の家畜取引所で一斉に仕入れが行われる。その際，各地区の精肉工場の必要量や，取引所での相場を考慮した現場での自由裁量は一切許されておらず，完全な集中的統制が実現されていた。

各精肉工場に対応するアーマー社の営業所網は，全国368カ所に地理的配置がなされており（直営334店，買収34店），工場から出荷される食肉は，シカゴ本社の中央事務所にいる統括管理者および販売管理者と，約25人の地区管理者によって管轄され，52カ所の冷凍倉庫に一旦保管される。卸売段階では枝肉が部分肉に加工され（卸売加工），全国の小売店に向け，10,296両の冷凍貨車が197便に編成され，3,679都市を経由して配送される物流システムが構築されていた。

また，アーマー社の情報システムは，購買活動においては，シカゴの総括購買事務所と各地区の取引所との間に自社用通信網を敷設し，相場の変動情報収集や買付主任への指図，さらに各精肉工場の畜牛必要量が連絡され，購買部長の意思決定を支援している。販売活動においては，シカゴの中央事務所と地区管理者との間で，自社用電信・書簡・電話を利用し，地区ごとに発生する各等級の肉不足情報や市場情報の収集を行い在庫補充活動に役立て，各地区管理者は，368営業所から送られてくる週次および月次報告書をもとに販売計画を策定していたのである[10)]。

このように，スイフト社やアーマー社をはじめとする大手精肉業者は，畜牛の買付けから食肉の直営卸売に至る連続的な物の流れを逐次的に調整し，速度の経済性を追求するための商流と物流の統合的管理を実現していたことがうかがえる。

【3】ユナイテッド・フルーツ社は，食肉産業におけるスイフト社のイノベーションに触発され，内陸部の巨大な潜在需要を市場標的として設定し，腐敗性の高い中南米産バナナの大量流通に成功した農産物加工業者である。

南北戦争当時，バナナはアメリカの消費者にとって未知の産物であった。それは輸送手段が帆船に限られ，長い航海の末，既に腐敗しているか，すみやかに処分しなければならない状態でアメリカの港に到着することが多く，内陸部への販売が技術的に困難であったためである。1870年代前半に蒸気船が利用され海上輸送が改善されても，バナナの市場は大西洋岸およびメキシコ湾岸の港湾都市に限定されており，1890年代後半においても，未だ農産物ジョバーは充分な冷凍倉庫（夏期）や暖房倉庫（冬期）を整備していなかったため，内陸市場は放置されたままになっていた。合衆国に輸入されるバナナの約95%は５つの港湾都市で受け入れられ，そのうちの約80%は同じ都市で消費されていた。ユナイテッド・フルーツ社の市場機会は，無視されてきた内陸市場に存在していたのである。

1899年に，ユナイテッド・フルーツ社はフルーツ急送会社と呼ばれる販売会社を設立し，内陸部への新鮮なバナナの供給を目指して，冷・暖房装置を完備した直営の全国的なジョバー網の構築に着手した。その営業所はボストンおよびニューヨークを皮切りに，ピッツバーグ，バッファロー，クリーブラント，ワシントン，リッチモンド，シカゴ，デトロイト，コロンバス，シンシナティ，インディアナポリス，カンザスシティー，セントルイス，ミネアポリス，ニューオリンズ，サンフランシスコなどに設置され，1901年には合衆国およびカナダの主要都市に21カ所の流通部門をもつに至った。

さらに，1904年には貨車40台分のバナナを荷受けできる新しい暖房倉庫をミズーリ州スプリングフィールドに建設して，自社の販売経路政策を充実させていった。このような流通系列化の展開にともなって，ユナイテッド・フルーツ社の価格政策はその自由裁量性を高めていくことになる。たとえば，独立の卸売商であっても，２年間は他社からバナナを購入しないことと，週当たり一定貨車数の規則的注文に同意する契約を行えば，１－2.5%の割引価格でバナナを仕入れることができた。なお，割引分は６カ月間販売会社に預託され，ジョバーが契約不履行を引き起こした場合，没収される方策がとられた。この契約は，バナナの需要を正確に予測し，その貯蔵と運送のフローを効果的に計画することを可能にした。

果物や食肉に限らず，日限品（perishable goods）の生産から消費に至る企業の流通管理は最重要課題である。ユナイテッド・フルーツ社の情報・物流システムは，当時のアメリカにおいて卓越しており，同社の高度な行動目標のもとでは，中間業者はほとんどその役割を果たしえない状況であった。バナナ農場は，コミュニケーション手段としての電信回線やラジオ局のネットワークと並行して中南米諸国に広く点在し，農場と情報システムで結ばれた営業所網に商品輸送するため，自社所有の冷凍蒸気船団および鉄道貨車の定期運行を実現していた。

このように，ユナイテッド・フルーツ社は全国市場を形成するにあたり，先進的な情報・物流システムの構築を目指した結果，大量かつ恒常的な商品のフローとストックを管理・維持することが可能となり，それゆえ，冷凍輸送や保管のための単位コストを低減させ，バナナの広域的な低価格販売を実現するに至ったのである。これは物的供給面での革新が，結果として，膨大なマーケットの需要創造に，機能的に大きな貢献を果たしている局面を示唆している。

【4】イーストマン・コダック社は，専門家の占有物であった写真技術を大衆化し，1880年にカメラ・写真用品市場に参入して以来，急速に大規模化していった企業である。

同社の市場機会は，大衆消費者が高度の技術を必要とせず，安価で故障の少ない写真用品を需要する可能性に存在していた。しかし，顧客の満足を得るためには，製品特性上，大きな困難を克服する必要があった。それは写真用ゼラチン乾板の日限性，写真用感光乳剤の感度低下という問題である。既存の卸売商を利用した場合，これらの写真用品の品質が充分に保持されることはなく，消費者との間にしばしばトラブルが発生する状況が続いた。そこで自社直営の流通機関を整備することになる。

1880年代後半に高感度写真用フィルムが開発されてからも，顧客へ販売する以前に品質が劣化するのを防ぐため，ニューヨーク，シカゴ，サンフランシスコに３大貯蔵・流通センターを設置し，全国に広がった直営卸・小売店の従業員訓練も徹底化されるようになった。

イーストマン・コダック社の販売経路政策はかなり排他的で，２－３の雑品を除いて，競争企業の製品取り扱いをあらゆる小売商に禁止し，万一違反した場合，同社の全ての製品を引き揚げる方針をとった。このように積極的な流通支配は，結果として，価格政策にも有利に働き，小売商からの製品価格切り下げを未然に防止し，管理価格の維持による利潤の確保に効果的であった。

コダック社の発展期は，合衆国においてシャーマン法（1890年）やクレイトン法（1914年）が制定された時期と重なり，企業の独占や取引制限行為が厳しく取り締まりを受けた時代であった。しかし，ジョージ・イーストマンは，自社のマーケティング活動が独占禁止法に抵触する巨大企業の不当行為とは異質であることを主張するため，1914年に次のような書簡を法人企業局に提出している。「わが社の製品の大部分は日限的な高感度製品であるから，問屋やジョバーはわが社の事業にとっては障害になる。…わが社は製品をできるだけ早く消費者の手に渡すために流通施設を設立してきた。わが社の高感度製品には有効期限がある。直営の小売店は…つねに商品を回転させておくために，在庫の正確なコントロールについて教育されてきた[11)]」。これはイーストマン・コダック社のマーケティングが，独占利潤の獲得を意図して行われたのではなく，製品の技術的特性上，必要な措置として遂行されてきたことを示している。

これら４つの消費財製造業の事例が示すように，マーケティング・チャネル整備の直接の契機が各産業の事情に応じて異なってはいるものの，全国市場の形成にあたって，商流と物流の調整という課題に直面していたことについては，４社とも同じ与件を共有していたものと考えられる。この点に関して，商品流通研究の立場からアプローチしたR.ボアソディー（R.Borsodi）は，流通問題の所在を社会的なコスト面から明らかにしようと試みた。

大量生産された商品が市場を求めて大量流通する場合，合理化が図られなければ，必然的に流通活動に従事する労働人口の比率を増加させる可能性をはらんでいることは言うまでもない。**図表１－１**によれば，1870年の生産活動従事者は8,629,892人で労働人口全体の88%を占めていたが，1920年には24,861,905人とその増加率は約３倍に留まり，比率も70%に低下している。他方，1870年の流通活動従事者は1,191,238人で労働人口全体の12%にすぎなかったが，1920年には10,433,102人と約10倍の伸びを示し，比率も30%に増加している。ボア

図表1―1　生産および流通の相対的コストに関する指標（1870－1920年）

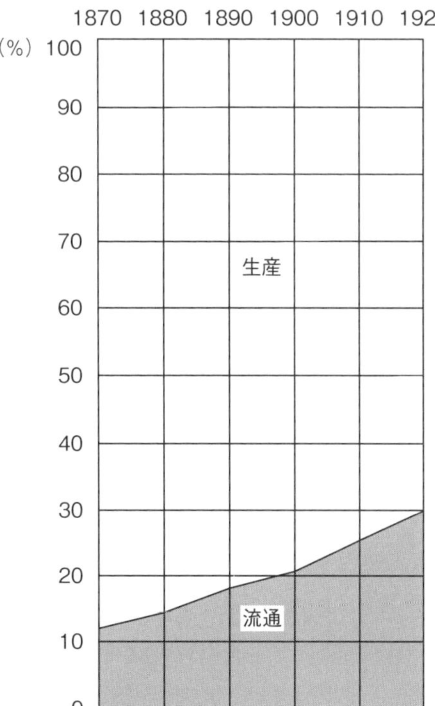

（調査年次）	（生産活動従事者）		（流通活動従事者）		（合計）
1870年	8,629,892	88%	1,191,238	12%	9,821,130
1880年	11,498,601	86%	1,871,503	14%	13,370,104
1890年	14,826,916	82%	3,326,122	18%	18,153,038
1900年	17,467,074	79%	4,766,964	21%	22,234,038
1910年	23,375,446	75%	7,605,730	25%	30,981,176
1920年	24,861,905	70%	10,433,102	30%	35,295,007

（出所）R. Borsodi, *The Distribution Age*, D. Appleton and company, 1927, pp.13-15.

ソディーはこのような事実を指摘した上で，その50年間に約３倍に膨張してきた社会的流通コストを問題視し，販売・広告・保管・輸送などの流通活動を合理化することが急務であることを提言している[12)]。ここで特に注目すべきは物流コストの上昇であり，市場範囲の拡大がもたらす商流の再編成に従い，物流線の延長が招く輸送・保管・荷役・包装などの諸コストがいかに顕著な増加を示し，社会的な弊害を引き起こしているのかを明らかにしている。

「全国市場に向けての製造業者間の今日の競争に関わる全ての影響は，商品政策のための莫大で無益な輸送を増大させ，また，販売のための支出を異常に増加させる。それは彼らが自己のテリトリーを拡大する程，人的販売コストや広告費が莫大に増加するからである[13]」。たとえば，シカゴの企業とボストンの企業が自社製品の市場を求めて互いのテリトリーを侵略し合った場合，セールスマンの移動や商品の配送について，以前よりもはるかに長距離の運営を負担させられるのみならず，既存の自社テリトリーでの競争が激化し，結果として，従来以上の販売費が必要となり，コストの増加分は商品価格に転嫁されることになる。このことは，大量生産体制が規模の経済性により節約してきた社会的コストを，過度の需要創造活動および物的流通活動が減殺していることにほかならず，ボアソディーはこの現象を「マーケティングの浪費（marketing extravagances）[14]」と呼んだのである[15]。

1870－1920年にかけての全国市場形成の趨勢と，それがもたらす社会的な流通問題の発生は彼の研究で明らかにされている。しかし，それをふまえた上での企業の流通管理および物流合理化というミクロ的課題はそこでは語られていない。それゆえ，次節では管理的側面に関する先駆的研究を検討してみたい。

第3節　A.W.ショーと流通問題

前節での検討により明らかなごとく，アメリカ合衆国において全国市場が形成されてくるに従い，各企業が直面した最大の課題は，市場範囲を拡大していくための商流（所有権移転・受発注ルート）の再編成と，それにともなって発生してくる物流（輸送・保管・荷役・包装など）線の延長という，商物分離の統合的管理および合理化の問題であった。

アメリカにおいて，経済主体間における商品の流通を企業経営の観点で把握し，その取引を需要創造（商流）と物的流通（物流）の2側面で認識しようと試みた最初の学者は，マーケティング研究の先駆者として知られるA.W.ショーである[16)]。

彼がSome Problems in Market Distributionを発表した1912年当時の時代背景は，以下のように理解される。「かつては人口，領域の増加，或いは運輸貯蔵手段の技術的進歩等に基く国内市場の拡大により，生産力の増大をも何等支障なく吸収し，順調な発展を続けて来たアメリカ資本主義も，19世紀末以来その高度化に伴う生産力の飛躍的発展は西漸運動の完了と相俟ち，殊に1903年・1907年における過剰生産恐慌を経た後は，企業的にも社会的にも今迄比較的閑却されて来た流通部面の問題の解決に力を注がざるを得なくなってきた[17)]」。

このような合衆国における資本主義経済の高度化は，ショーに次のような問題意識を抱かせることになる。「我々は，生産能率の可能性の入口に立っているにすぎないのであるが，従来のその生産の進歩でさえ既存の流通制度を凌駕してきた。生産の可能性が十分に利用されるためには，流通の問題が解決されなければならない。潜在的に利用可能な商品に対する市場が開拓されなければならない。主として，これは既存市場の一層の集約的耕作を意味している[18)]」。

ここで我々は，流通問題の発生を，アメリカの経済システムが独占段階に到達したことと直接結びつけて理解してはならない。この点について，三浦信教授はショーの問題意識の真意を次のように指摘しておられる。「此の際彼は流通問題発生の原因を消費に対する生産の絶対的過剰として捉えず，『流通の現在のシステムを凌駕した』との表現にも示されている通り，生産部門に比較して流通部門のシステムが不備である事に求めている。それ故彼は個別企業がその販売方法を合理化し販売量を増進する事により，企業的にも社会的にも流通問題は解決されると考えるに至る[19)]」。つまり，資本主義経済の高度化がもたらす慢性的過剰生産は流通問題を顕在化させる契機にすぎず，流通活動の合理化こそ，企業の経営管理にとって第一の課題として要請されており，経営学がその分野の探求をこれまで軽視してきたことを示唆するのがショーの主たる目的であったと考えられるのである。

「現在，市場流通の問題は，工場生産の問題とほぼ同様に組織的な研究の価値あるものとなっている。作業が，原材料を完成品に作り変えるのと同じように，完成品を生産者の製品置場から消費者の手元に移動することは等しく重要である[20)]」。この認識は，現代の商物分離論議およびジャスト・イン・タイム物流，サプライチェーン・マネジメントの要請にも共通する認識であり，およそ100年前にショーが提起した問題は，そのまま現代的な課題として我々の前に横たわっている。

ショーの理論の先見性および独自性は，いわゆる「マーケティング論」の潮流とは全く独立に，自己の哲学の内発的な動機から構想されたものであった。このことは，いくら強調してもしすぎることはない。その意味で，ショーの体系は現代のマーケティングおよびロジスティクス研究にも重要な示唆を与えてくれるものとして再検討の余地がある。次にその論旨をたどってみよう。

1．A.W.ショーによる流通活動の体系

図表１－２は，ショーによる流通活動の体系を図式化したものである。彼は企業の活動分類における適正な基準として動作（motion）の目的を設定し，それを達成するための手段を標準的な機能として分類していく。流通活動は，「生産された商品の位置と所有権を変えること[21)]」を目的とすると規定され，それは①需要創造（demand creation）活動と，②物的供給（physical supply）活動の２つの機能に大別される。前者は製品に対する消費者の欲求を引き起こし，喜んで支払えるような価格設定を行い，購買を促すための製品に関するアイデアを消費者に伝達することを目的としている。また，後者は創造された需要に向けて，１つ以上の流通機関を利用して商品を実際に移転し，商業上または経済上の価値を生ぜしめることを目的としている。両者の目的にはさらに施設活動および運営活動の２つの手段がそれぞれ従属させられ，施設活動は立地・建物・設備に，運営活動は素材・機関・組織に分類されていく。その際，彼は「施設に対する方策は一度確立されると事実上固定化してしまうが，運営活動は経営者に日々新しい問題を提供する[22)]」として，短・中期的な意味に

図表１—２　A.W.ショーによる流通活動の体系

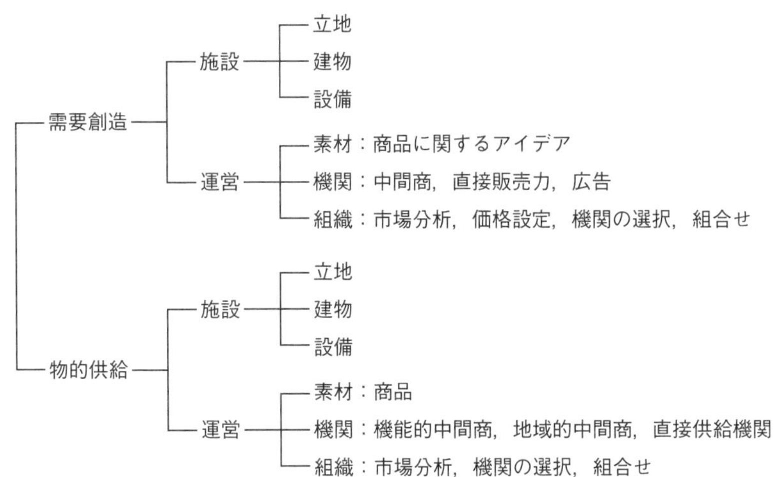

（出所）光澤滋朗著『マーケティング論の源流』千倉書房，1990年，159頁の図に加筆した。

おいて，運営活動の相対的重要性を強調している。

ショーの機能分類は，「企業のすべての分野または局面におけるあらゆる活動を吟味してみると，基本的要素である動作が素材に働きかけていることが自ずとわかるであろう[23)]」という観点から出発している。消費者に向けて素材を伝達するためには，経営者は機関を選択し，効率的な動作の実行を組織化せねばならない。「組織：最大の効果が得られるように素材と動作を調整し統制すること[24)]」と規定される場合，そこにおいて経営者的視点が要請されているのは言うまでもないことである。この点について，光澤滋朗教授は以下のように解説しておられる。「ショウにあっては個々の活動を全体から切り離して分析・研究する段階（=素材・機関の研究）と，それにもとづき主として経営者観点から諸活動を調整・統制する段階（=組織の研究）とがあり，後者こそかれの所説の核心とみられる。いいかえれば，ショウはマーケティングの組織化を経営者観点から目的関連的，体系的に追求し，マーケティング・システムにおける既存の不調整を是正するとともに能率的なマーケティング部門の確立をはかろうとするのである[25]」。

経営者的視点とは，分類された企業の活動体系において，相互依存および均衡の原理が維持されている安定した状態の追求を意味している。それを流通活動について述べるならば，需要創造のための施設・運営活動と，物的供給のための施設・運営活動とが，商物分離という二重性において把握され，両機能が統合的に計画，合理化されることを目指している。「需要創造活動と物的供給活動の関係は，さらに企業構造全般を通じて相互依存と均衡という２つの原理を前提として成り立っている。何か１つの活動をする場合，一方のグループの仲間と，さらに他のグループの仲間の間でうまく調整することができなかったり，これらの活動のどれかを不当に強調したりすると，能率的な配給に必要な諸要素の均衡を破壊する[26]」。これは具体的には，商流における受注の多品種・多頻度・小口化が，物流におけるオーダーピッキングの複雑化や誤納の発生などの問題を引き起こしているという，近年の物流改革論議とも共通する認識であると言えよう。

ところで，ここで述べられている均衡とは，消費者が判断する商品の生産費用・品質・サービス間のバランスの妥当性を意味しており，その３つの要素の「比率は販売部隊が説明することと同一でなければならない。さもなければ，顧客の不満が生じ，内部の摩擦が発生し，さらに能率，信用および利潤の全てが低下する[27]」として，企業の各構成要素（部門）と費用・品質・サービス発生の対応関係を明確にし，不調整の原因となっている部門を探索・改善することの重要性を強調している。

企業活動を目的関連的に分類し，経営者的視点から素材と動作を効率的に組織化した上で，組織内における諸活動のバランスを相互依存と均衡の原理によって調整していく一連のプロセスは，企業の需要創造活動と物的供給活動との調和にとって，常に遵守されるべき条件である。その両者の関係をさらに深く検討してみよう。

２．A.W.ショーにおける物的流通観

ショーは，1916年に出版されたAn Approach to Business Problemsにおいて，商品の物的流通を詳しく論じている。そこでは，流通における現代的課題を２つの側面から把握している。第一は，任意の商品を仮定して，いかにその需要が，生産および流通を採算に合わせる程充分な規模で創造されうるのかという問題。第二は，どのような経路を通じて，商品それ自体は工場倉庫から運送されうるのかという問題。そして，自社の市場占有率が低い場合，価格を高水準に設定することは困難であるけれども，その商品に最も利益率の高い価格を支払うであろう消費者たちの市場範囲の中で，商品が最小の価値を示すようになる地点（市場の限界）はどこであるのかという問題である[28)]。これは，マーケティングによって創造された需要地域に向けて，いかに効率的に商品を工場から消費者へと配送していくのかという課題を述べたものである。

しかし，相互依存および均衡の観点からすれば，需要創造と物的供給の調整には，次のような矛盾の発生が予想される。自社あるいは中間商人の販売員，広告，カタログ，パンフレット，案内状など，商品について話され，書かれ，印刷されたシンボルの使用による「需要創造キャンペーンは，需要供給上，利用可能な機関を都合良く形作られていなければならない。今一つの事柄は，相互依存および均衡の原理の表出である。さもなければ，適切で経済的な手段が需要を満足させるために準備されていない所では，需要の過剰刺激を通して浪費を発生させることになり（waste through overstimulation of demand），またこのことは，流通支出の負担における過大な出費をも意味している[29)]」。

自ら創出した需要が物流の不整備によって充足されない状態は，単に販売機会の損失にとどまらず，マーケティング・コストの浪費をも生み出すために致命的である。それゆえ，ショーは「大部分の不適切な広告キャンペーンが次のような理由によって失敗するのは当然である。それは広告計画をできるだけ広範で大規模にしてしまった状態で，商品の物的供給に対して，準備が整えられていなかったからである。極めて重要な均衡の原理が遵守されていなかったの

で，需要の漏出（leakage of demand）が結果として生じたのである[30)]」と説明し，この種の矛盾の発生が企業における普遍的な問題として認識できることを提起するのである。

需要の漏出という事態は，企業経営の観点のみならず，顧客満足の観点からも改善されるべき問題であると言えよう。「消費者の立場からすれば，サービスこそが物的供給に対するキーとなる要素なのである。商品というものは，それがある物質的および精神的効用を満足させる時と場所においてのみ，彼に対して優れた価値を有するものなのである。その訴求力は，時と場所についての効用の減少に比例して低下する[31)]」として，顧客満足における物的供給活動の貢献度が強調されている。「物的供給の問題は端的に要約することが可能である。それは，創出された需要の最大量が，最小限の需要の漏出と最も少ない支出，そして考慮された現在および将来双方の販売量でもって，いかに満足させられるのかということである。時間，便宜性およびサービスは，見込み顧客が期待する３つの事柄である。生産者の役割は，顧客が欲求する時に，欲求する場所で，その時点に市場が要求する状況と規模で供給することなのである[32)]」。

この文章では，企業による商品の物的供給活動は，時間・便宜性・サービスといった効用を生み出すものであり，また，需要創造における積極的な使用価値増殖過程となりうることが明白に述べられており，現代のロジスティクス研究者がもつ問題意識が，既にショーによって発見されていることは注目に値する[33)]。このように，彼は物流問題の所在を明らかにした上で，主として，素材および動作の効率的組織化と，機関の選択という，物的供給における運営活動についての検討を進めていくのである。

消費者が期待する時間，便宜性およびサービスの効用は，実質的な物的供給活動の側面から考察する場合，企業の３つの経済的機能によって達成される。それは，①場所の効用を創造するための商品の輸送，②時間の効用を創造するための商品の保管，③所有あるいは占有の効用を創造するための商品の物理的譲渡を意味している[34)]。これらの動作は，生産者と消費者との間に存在する社会的経済的懸隔の物理的架橋を企てるものであり，チャネルリーダーとしての製造企業により，効率的に組織化されねばならない。その際，物的供給における企業内部の施設活動を整備する方策と，独立の機関としての各種中間商人を合理的に選択していく方策の２つの方向性が模索される。

先ず，運営活動である後者に着目するならば，ショーは中間商人の機能として，①危険負担，②商品の輸送，③運営の資金供給，④販売，⑤集荷，仕分けおよび再出荷をあげているが[35)]，それらの機能のうち，物流に関係する機能を遂行する機関は，①輸送分野における機能的中間商人，鉄道，運送会社および小包郵便，②地域別中間商人，卸売業者および小売業者，③直接供給のための代理業者，支店，排他的な代理店または小売店などであるとしている[36)]。これらの業者は個別企業として，製造企業からは独立して存続している訳であるが，「Shawの対象が大規模生産企業である事を念頭におきつつ，当時アメリカ資本主義の高度化に伴う商業資本の独自性の漸次的喪失の為，各種中間商人は例え形式的には独立した企業であっても次第に大規模産業資本に対する従属度を強めて，殆ど技術的分業にも等しい様な様相を呈するに至っていたという事情を考慮するならば，販売員・広告と共に中間商人をも自己の流通活動を担当する販売機関の一構成分子として取扱うことによってこそ初めて企業の流通問題も総合的に解決され得るとなすべきであろう[37)]」とする三浦信教授の指摘にあるごとく，ショーの視角は各種中間商人を制御の対象と見做している。

しかし，その一方で，「中間商人は全ての領域を効率的にカバーすることはできない[38)]」とも付言しており，施設活動の補足的役割のあり方が，次に検討される。「輸送業者の補足は，主要な工場あるいは支店から，消費者が生産者に接触しにやってくる場所への経路の一部または全部のための，生産者自身による商品の輸送のための配送施設によってなされる[39)]」。需要創造活動の考察において，ショーは当時のアメリカにおける消費財製造企業の一般的傾向を，「生産者が商品についての観念を需要喚起のために直接的に消費者に伝達し始める時，中間商人が従来遂行した機能は部分的なものとなる[40)]」と述べ，次第に直接販売へと移行していくことを強調した。同じ傾向は物的供給活動においても進展する。

製造企業が直接販売により得られるメリットとして，次の５つがあげられている。①生産者は，彼の製品を専門的に取り扱う訓練を受けた人間を全時間にわたって使用することができる。②生産者は，直接仕入を選好する小売業者との接触を獲得する。③生産者は，卸売業者が遂行するよりも大規模で優れた品揃え物を配送することが可能となる。④卸売業者が介入する場合よりも，生産者は信用上の損失を軽減できる。⑤生産者は，総合的な政策と価格のコントロールにおいて，ヨリ良い状態を維持することができる[41)]。これらの理由により，各種中間商人の排除傾向は次第に一般的となり，企業の大規模化が進むにつれて，企業内部における施設活動の相対的重要性が高まることになる。

中小企業の場合，「その内部組織の輸送および保管問題はあまりに単純なものなので，物流コストを妥当な程度に抑えるための，念入りに作られた自動コンベアー，積載機械，電動牽引車，高架輸送滑車および他の労働節約装置を必要とはしない[42)]」。しかし，需要創造活動による自社製品市場の拡大と，それにともなう企業規模の巨大化は，製造企業自身による流通管理の必要性を増大させることになり，これらの諸設備の充実も重要視されるようになる。前節での事例でみられたような，冷凍貨車の増加や冷凍倉庫網の充実などはその一般的傾向を示しており，全国市場形成を目指す当時の企業が物流システムに対する積極的な投資を避けられなかった事情を物語っている。物的供給における施設活動は，立地，建物および設備を調整することであり，効率的な物流システムの構築には，マーケティング的視点からの設備投資，技術開発，あるいは人事についての意思決定など，最高経営者層による長期経営計画の領域に属する決定が比重を占めることになるのである。

現実にマーケティング・チャネルが構築される際，需要創造（商流）と物的供給（物流）の２側面について，それぞれの運営活動および施設活動が，相互依存と均衡の原理に基づいて，裁量的に組み合わされていくのであるが，ショーが推測しているように，資本主義経済の高度化とともに，施設活動に関する意思決定の重要性が次第に増していくことは避け難い傾向であると言える。ただ，彼がマーケティング研究を行った時代背景が未だその発展の過渡期であったことから，需要創造における施設活動については現代の研究者にも新鮮なインパクトを与える程の議論を展開している反面，今日，技術革新の著しい物的供給における施設活動については，概念的な説明にとどまっている憾みがある。しかし，スイフト社やユナイテッド・フルーツ社などの事例で検討してきたように，自社製品の特徴が既存の物流システムに適合しない場合は，膨大な固定資本投資の負担を引き受けざるをえない局面がさまざまな産業において発生し，それらの企業を先駆的モデルとして，大量生産体制構築後の全国市場形成が現実化していった経緯がある。そこで同時代人としてのショーが着目した流通問題は，商流と物流の不均衡であり，「実際，創出された需要の要求と製品の引き渡しとの間の懸隔ができるだけ短いものとしてあるべきことは，見込み顧客の到達範囲内に商品を配置するための需要創造キャンペーンおよび計画を調和させるのにとても重要な問題である[43)]」という指摘は，当時のビッグ・ビジネスが抱える最大の課題を鮮明に表現したものとして評価できる。

第4節　総　括

商品流通における物流問題の認識は，「マーケティングの浪費（marketing extravagances）」および「需要の漏出（leakage of demand）」を回避するための努力であったと言えよう。ボワソディーの場合，そのアプローチはマクロ的視点に立っており，国民経済における資源配分の効率性から見て，巨大メーカー間の過剰なマーケティング競争が無駄なコストを価格に転嫁させ，社会的な浪費を発生させていることを明らかにした。他方，ショーの場合，そのアプローチはミクロ的視点に立っており，企業の活動体系における相互依存と均衡の原理から見て，需要創造活動と物的供給活動とが矛盾した状態で運営されていることからくる浪費に着目している。

自由主義経済の進展において，企業間の競争行動が過熱・重複することは避けられない傾向であるが，各企業レベルで均衡ある流通管理が実現されていれば，経営計画の矛盾から発生する浪費は解消することができ，同時に，社会的な流通コストの削減も達成されることになろう。その意味で，19世紀後半に急速な巨大化を果たしたアメリカの企業が直面した「マーケティングの浪費」は，企業の規模と活動とのアンバランスが生み出した問題であり，視点がマクロとミクロで異なっていたとは言え，ボワソディーとショーの問題意識は同根であったと言うことができる。

■注

1）H.E.Krooss and C.Gilbert, *American Business History*,1972.（鳥羽欽一郎他訳『アメリカ経営史：上巻』東洋経済新報社，1981年，207－232頁参照)。

2）G.Porter and H.C.Livesay, *Merchants and Manufactueres：Studies in the Changing Structure of Nineteenth-Century Marketing*, 1971.（山中豊国他訳『経営革新と流通支配』ミネルヴァ書房，1983年)。

3）小原博著『マーケティング生成史論』税務経理協会，1992年，71－118頁参照。

4）L.G.Wright, "A Study of the Mammoth Singer Agency Organization", *Printer's Ink*, Vol.72, No.4, July 28, 1910, pp.3-6.

5）H.E.Krooss and C.Gilbert, *op. cit.*（邦訳：上巻，216頁)。

6）塩見治人他著『アメリカ・ビッグビジネス成立史』東洋経済新報社，1990年，266－268頁。

7）G.Porter and H.C.Livesay, *op. cit.*, pp.168-173.

8）U.S.Federal Trade Commission, *Report of the Federal Trade Commission on the Meat-Packing Industry*, Vol.6,1919.

9）塩見治人他著，前掲書，275頁。

10）同上，288－290頁。

11）G.Porter and H.C.Livesay, *op. cit.*, p.166.

12）R.Borsodi, *The Distribution Age*,1927,pp.11-17.

13）*ibid.*, p.72.

14）*ibid.*, p.73.

15）*ibid.*, p.77.「製品の問題となると，製造業者は多くの部門において等しく経済的に事業を営んでいるのに，輸送コストに関する我々の今日の制度によって不可避とされている製品の非経済的な全国的マーケティングは，製造業者，小売業者および消費者の全てが長期にわたって支払いを負わされるため，不条理なものであると言えよう」。

16）D.T.Kollat, R.D.Blackwell, J.F.Robeson, *Strategic Marketing*, 1972, p.310.「流通あるいはロジスティクスの重要性が，数世紀にわたって，よく理解されてきた。1915年には既に，マーケティングの２つの機能が，（１）需要創造および（２）物的供給として認識された。第二次世界大戦後の１つの現象として表われてくる事柄は，統合化された流通システムを開発することの要請である」。D.T.コラットによれば，流通機能を上記のごとく２つの側面に大別して考察した最初の学者として，A.W.ショーをあげている。また，P.D.コンバースによれば，ショー以前における流通機能分類の先駆的研究は，E.アトキンソンによる1885年の業績であると指摘されている。「アトキンソンは機能や機能的組織化という用語は用いなかったが，マーケティング機関が遂行する種々の機能～仕入，販売，保管，規格化と格付け，物的流通，包装，金融，危険負担，情報収集～について考察を加えている」。P.D.Converse, *The Beginning of Marketing Thought in the United States with Reminiscence of Some of the Pioneer Marketing Scholars*, 1959.（梶原勝美他訳『マーケティング学説史概論』白桃書房，1985年，５頁）。

17）三浦信稿「ショー『市場配給の若干問題』の一考察」『商学論究』復巻第１号，関西学院大学，1951年，287頁。

18）A.W.Shaw, *Some Problems in Market Distribution*, 1915, p.43.

19）三浦信稿，前掲論文，288－289頁。

20）A.W.Shaw, *op. cit.*, pp.41-42.

21）*ibid.*, p.7.

22）*ibid.*, p.12.

23）*ibid.*, p.5.

24）*ibid.*, p.9.

25）光澤滋朗著『マーケティング論の源流』千倉書房，1990年，160－161頁。

26）A.W.Shaw, *op. cit.*, p.11.

27）*ibid.*, p.10.

28）A.W.Shaw, *An Approach to Business Problems*, 1916, p.100を参照。

29）*ibid.*, p.111.

30）*ibid.*, p.277.

31）*ibid.*, p.280.

32）*ibid.*, p.275.

33）D.J.Bowersox and P.J.Daugherty, *Leading Edge Logistics Competitive Positioning for the 1990s*, 1989.（阿保栄司他訳『先端ロジスティクスのキーワード』ファラオ企画，1992年，16－17頁）。「1980年代においては，北アメリカの企業は製品の品質や価格や顧客サービスや生産性のような基礎的な基本事項に立ち戻って注意力を集中していた。経営者は上記の諸目標を達成するべく，資源と努力を注いでいたが，ロジスティクスに対する注意はおろそかになっていた。しかし経営者は，企業活動のうちのこの伝統的には評価の低かった領域こそが，基礎事項に背中合わせの諸目的を達成する際にも，際立って能力に富む刃（やいば）として必要とされるものであることを理解し始めた」。

34）*ibid.*, p.278.

35）A.W.Shaw, *Some Problems in Market Distribution*, 1915, p.76.

36）A.W.Shaw, *An Approach to Business Problems*, 1916, p.278.

37）三浦信稿，前掲論文，300頁。

38）A.W.Shaw, *op. cit.*, p.111.

39）*ibid.*, p.278.

40）A.W.Shaw, *Some Problems in Market Distribution*, 1915, p.85.

41）*ibid.*, p.87.

42）A.W.Shaw, *An Approach to Business Problems*, 1916, p.282.

43）*ibid.*, pp.276-277.

【参考文献】

福田敬太郎稿「アメリカにおける配給論の発達」『国民経済雑誌』第47巻，第5号，1929年。

谷口吉彦著『商業組織の特殊研究：米の配給組織に関する研究』日本評論社，1931年。

三浦信稿「ショー『市場配給の若干問題』の一考察」『商学論究』復巻第1号，1951年。

福田敬太郎著『商学総論』千倉書房，1955年。

森下二次也著『現代商業経済論』有斐閣，1960年。

池内信行稿「Business Administrationの特質について」『商学論究』第36号，1961年。

近藤文男稿「マーケティング論の生成」『経済論叢』第99巻，第3号，1967年。

三浦信著『マーケティングの構造』ミネルヴァ書房，1971年。

荒川祐吉著『マーケティング・サイエンスの系譜』千倉書房，1978年。

薄井和夫稿「1910年代販売管理論および企業的マーケティング論の一考察」『商学論纂』第23巻，第1/2号，1981年。

光澤滋朗著『マーケティング管理発展史』同文舘出版，1987年。

近藤文男著『成立期マーケティングの研究』中央経済社，1988年。

光澤滋朗著『マーケティング論の源流』千倉書房，1990年。

堀田一善編著『マーケティング研究の方法論』中央経済社，1991年。

三浦信稿「A.W.ショー：マーケティング論のパイオニア」マーケティング史研究会編『マーケティング学説史：アメリカ編』同文舘出版，1993年。

薄井和夫著『アメリカマーケティング史研究：マーケティング管理論の形成基盤』大月書店，1999年。

第2章

ロジスティクス・システムと供給連鎖(Supply Chain)概念

第1節　ロジスティクス問題の所在

ロジスティクス（logistics）とは，元来ギリシャ語のlogistikos（計算の熟練者）を語源とし，第二次世界大戦中のアメリカで使用された軍事用語で，武器・弾薬・燃料・食料などの軍需物資を最前線へ調達・補給する後方支援活動の方法に関する研究としての兵站学を意味している。しかし，戦後この技法が企業のマーケティング活動に応用され始め，物資の効率的な輸送・保管などを戦略的な観点から遂行するための研究領域として重要度を増している。

伝統的な商品流通の研究では，需要者と供給者との間に存在する空間的・時間的懸隔を架橋する輸送や保管などのプロセスは物的流通活動と呼ばれているが，これはチャネルの設定や受発注の流れ，および所有権移転にかかわる商的流通活動の副次的な要素として位置づけられ，比較的等閑視されてきた歴史的経緯がある。かつて，流通は経済の暗黒大陸であると批評したP.F.ドラッカー（P.F.Drucker）は，「アメリカ経済における物的流通の役割と構造に関する真実の理解を達成するために，我々は経済理論および経済分析の新しい概念を必要とする[1)]」と指摘した。このような停滞はアメリカで1950年代末まで続いたが，1960年代には生産力の飛躍的な増大に流通部門の効率化が追いつかないという認識が高まり，「アメリカ・ビジネスにおいて最後に残された費用削減のフロンティア[2)]」として積極的な研究が展開されるようになる。

マーケティング・チャネルにおける物的流通活動に対する関心は，流通成果から見た物流コストの増大傾向を契機として高まり始めた。J.L.ヘスケット（J.L.Heskett）は，その主要な原因を２つの側面から説明している[3)]。

① 戦後における目ざましい製品ライン内の品目の拡充。製品ライン内の品目数が１から３に増加すると，ラフな経験則によれば，売上げの２倍の在庫が必要になると考えられる。消費者欲求の多様化に合わせるためであれ，非価格競争の一方策としてであれ，このような製品ライン内の拡充は，流通システムにおけるロジスティクスの重要性を増している。

② 主として，卸・小売同業組合の教育プログラムによって，流通業者にコスト意識が高まり，流通経路内に過剰在庫を保持することはあまり望ましいことではないと認識されるようになったこと。このため，少量の在庫しかもたない流通経路で，いかに取引を行うかがますます熟慮すべき問題となっている。

両者の関係を要約すれば，すなわち，1960年代のアメリカ市場では消費者の購買行動が成熟化・個性化・多様化し，商品を多くの選択肢の中から選ぶ購買パターンが一般化したため，メーカーは製品差別化を過剰に追求し，拡大したプロダクト・ラインが結果として小売業の店頭陳列品目増加を招き，その中間プロセスである物流業務がこれまでになく煩雑化・高コスト化してしまった状況を示している。多様な商品を限られた売場面積に適切に品揃えし，過不足なく適時供給していくための，低コストで工夫された物流活動はいかに実現されるのであろうか。後述するように，そこでは総コスト分析をベースとしたシステムズ・アプローチが要請されることになる。

図表２－１はW.レイザー（W.Lazer）による物的流通システムの活動体系である[4)]。物流活動という手段の目的は，場所・時間・費用・競争という４つの次元で設定されており，顧客の商品入手可能性を容易にする場所的・時間的効用の創造と，企業の物流コスト削減にともなう価格競争力向上による顧客の

図表2―1　物的流通システムの活動体系

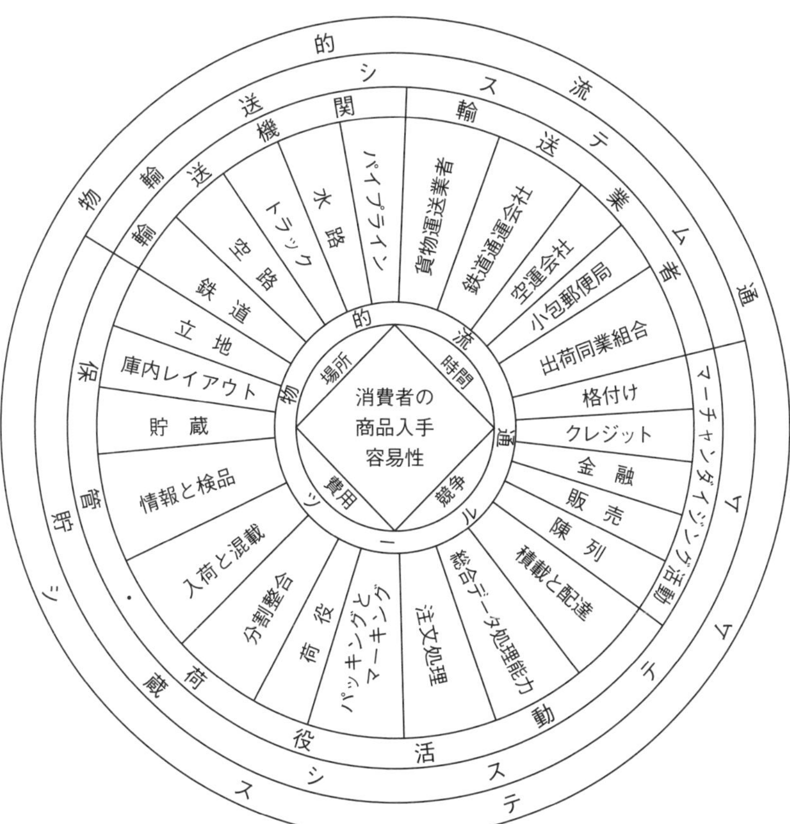

（出所）W.Lazer,"A Systems Approach to Transportation", *Distribution Age*, September, 1960, p.35.

経済的厚生の増進を図ることが主眼とされている。これらの目的は次の２つのサブ・システムの組み合わせにより追求される。第一は輸送システムであり，輸送機関と輸送業者の２つの構成要素の利用からなる。輸送機関は鉄道，空路，トラック，パイプライン，水路によって，他方，輸送業者は貨物運送業者，鉄道通運会社，小包郵便局，空運会社，出荷同業組合によって構成されている。第二は貯蔵システムであり，保管・荷役活動は立地，庫内レイアウト，貯蔵，入荷と混載，入荷情報と検品，分割整合，荷役，パッキングとマーキング，注文処理，総合データ処理能力，積載と配達によって，他方，マーチャンダイジング活動は格付け，クレジット，金融，販売，陳列によって構成されている。市場すなわち小売段階の要求を軸として編成されるこれらの物流活動は，当該企業の施設活動のみならず，外部企業への委託による運営活動をも取り込んで機能分担されるが，生産から消費にいたるまでの経済主体間の活動のリンケージは，乱雑な部分や断片の寄せ集めではなく，システム思考によって調整・統合化されている必要がある。

第2節　ロジスティクス・システムの考え方

「個々の会社の法的な境界をこえて物的流通を調整管理する問題は殆ど考慮されてこなかった。大抵の物的流通フローは流通チャネルとして結び合った様々の分立化した企業を経て，生産から消費へと進む。これらの独立単位はそれぞれ優れた物的流通業務を営むであろうが，同時にグループとしてのチャネルは重複の結果，コスト高に悩んでいる[5)]」。D.J.バワーソックス(D.J.Bowersox)は，ここで分業と原価志向の陥穽を指摘する。一般的に，企業および企業間組織は機能的水準にコストと活動の責任を分割しているため，システム全体の総コストに着目する機会が少なくなっている。個々の機能単位に対して，その活動を合理化しコストの引き下げを促すようマネジメントの圧力が加えられる傾向が強い。たとえば，輸送部門は輸送コストを節約する主要な方法として出荷を大口にまとめる場合があるが，このような大量一括納入は出荷予定を遅延させる傾向があるので，在庫水準に逆効果を与えてしまう。遅延作用は安全在庫水準を引き上げ，運賃率の低下以上に在庫コストの上昇を招くため，物流コストの総額が増加する結果となるのである。「機能別原価の優先と総コスト分析の欠如」。この慣行がロジスティクス発展のボトルネックとして根強く存在し，活動間のリンケージを阻害してきたのである。

産業の体質改善は，通常，深刻な経済的圧力によって推進される。1964年に出版された全国産業協議会（National Industrial Conference Board）の報告書は，アメリカ経済の成熟期への突入を宣言している[6)]。税引前の総資本利益率は，第二次世界大戦直後の10%水準から，1950年代後半には6%へと著しく下落しており，収益構造が悪化した経営者たちはコスト削減の対象を，生産領域から物流領域へと広げていかざるを得なかった。つまり，利益の圧迫が物流活動を再組織化する主要な原動力となっていたのである。そこで関心を集めたのがいわゆるシステムズ・アプローチである。

「伝統的な経営組織論は非現実的な組織関係を想定し，その観点からマーケティングとロジスティクスの管理を論じてきた。しかし，企業の成否にとってみれば，企業の公式組織の外部との取引関係の方が内部関係より重要である。販売促進努力ならびに物的流通努力の経済性からいって，チャネル・キャプテン企業が経営統制の範囲を拡大し，供給業者と顧客の活動の一部に自らも参加しようとする動きがますます強くなるであろう。現在こういった例は，小売商の在庫統制プログラムと供給業者を連結し，在庫調整，発注，在庫補充および供給業者による代金取り立ての自動化を図ろうとするシステム・プランニングにあらわれている[7)]」。効率の良い物流活動は，全ての企業努力を必要とするチーム機能であることを理解する必要がある。ヘスケットはここでチャネル・キャプテンという概念を導入し，システムのより高い段階で諸活動を調整し，総コストを管理する責任をもった経済主体の必要性を強調しているのである。

総コスト分析をベースとしたシステムズ・アプローチの物流活動への応用研究は，その後，紆余曲折を経て，1985年のアメリカ・ロジスティクス管理協議会（National Council of Logistics Management：CLM）の定義に集約される。そこでは，ロジスティクスとは顧客の必要条件に適合させるべく，原材料，半製品，完成品ならびにその関連情報の，産出地点から消費地点にいたるまでのフローとストックを，効率的かつ費用対効果を最大ならしめるよう計画立案，実施，統制する過程であると規定されている。

図表2－2は，バワーソックスらがこの定義を敷衍，図式化したものであ

図表2－2 ロジスティクス・システムの概念図

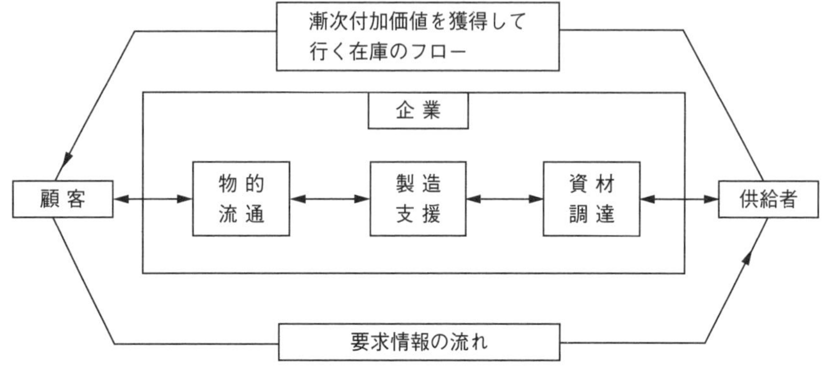

（出所） D.J.Bowersox, D.J.Closs and O.K.Helferich, *Logistical Management*, 3 rd ed., Macmillan, 1986, p.16.

る[8)]。これは先ず，当該企業内部における在庫のフローを3つのサブ・システムに分類している。第一の物的流通システムは，完成品を顧客に送り届ける過程であり，複数の配送センターにおける商品在庫の適正配分，すなわち在庫偏在を回避するための管理領域である。第二の製造支援システムは，生産ロットの合理化や生産時期の適正化および製品ミックスの調整など，過剰生産や商品減価を回避するための管理領域である。第三の資材調達システムは，生産工程計画の進行日程に適合した原材料・部品・半製品の購買活動にともなう適正調達を目指すものであり，供給業者という外部企業との取引関係が調整される必要がある。これらの在庫フローは，顧客からの要求情報の流れに沿って制御され，そのプロセスにおいて物資は漸次付加価値を獲得し，競争力の強い製品となって市場へと送り出されるのである[9)]。

産業界におけるロジスティクス・システムの実践は，たとえば，資材所要量計画（material requirements planning：MRP）や物流所要量計画（distribution requirements planning：DRP），および多頻度小口物流（just-in-time：JIT）などの手法で具体化されている[10)]。次節以降では，わが国におけるロジスティクス・システムの展開を流通業界，特にコンビニエンスストア・チェーン

（convenience store chain：CVS）の事例を中心に検討してみよう[11]。

第３節　日本におけるロジスティクス・システムの展開

2017年度におけるコンビニエンスストア業界の売上高は11兆4,813億円で，前年度比2.6％増と市場規模の拡大を続けている[12]。CVS上位３社の売上高および店舗数を比較すると，１位のセブン-イレブン・ジャパンは４兆6,780億円（40.7％）で２万0,260店，２位のファミリーマートは３兆1,639億円（27.9％）で１万7,232店，３位のローソンは２兆5,971億円（22.6％）で１万3,992店となっている。

括弧内は業界内での売上高シェアを示しているが，平均日販では１位のセブン-イレブンが65.3万円と独走状態にあり，２位はローソンの53.6万円，３位はファミリーマートの52万円と順位が入れ替わっている。また，国際展開においても群を抜いているのがセブン-イレブンでありアメリカ，タイ，台湾などに４万4,340店，ファミリーマートは中国，台湾などに6,849店，ローソンは中国，フィリピンなどに1,596店と各社とも海外店舗数を増加させている[13]。

いずれもその成長を支えているのは，ドミナント戦略とジャスト・イン・タイム物流という技術革新である。店頭における多品種少量在庫販売を短サイクルで回転させるCVS方式では，多頻度化する配送のコストとリードタイムの節約が要求されるが，配送拠点あたりの物流ロットに規模の経済性をもたせるためには，ドミナント戦略という集中出店方式により地域店舗密度を上昇させる必要がある。つまり，CVSの急速な店舗数増加は，そのロジスティクスと密接な関係があるものと考えられる。

図表２－３は，ジャスト・イン・タイム物流の仕組みを表したものである。わが国におけるジャスト・イン・タイム物流の要請は，1980年代における経済の成熟化とともに拡大していくが，この時期に競争が激化し，利益確保が困難となった小売業は２つの方向性によって成長を模索する。第一は売上の増大に向けて，消費者需要の個性化（幅広い商品選択と購買時間帯の分散）に適合した

図表2—3　ジャスト・イン・タイム（JIT）物流の仕組み

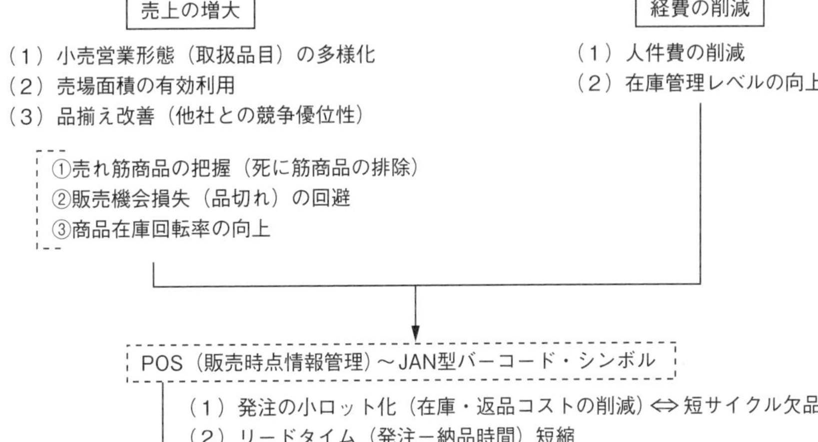

小売営業形態の開発を推進していくことがあげられる。限られた売場面積を有効に利用して商品回転率を上昇させるため，各店舗で何が・いつ・どれくらい販売されているのかという売れ筋商品情報を的確に把握し，他店よりも有利な品揃え形成とサービスで顧客吸引力を高めていこうとする方法である。第二は経費の削減に向けて，高齢化社会を見据えた上での人件費の削減（省力化機器の導入による教育コストの低減と即戦力の確保）と在庫管理レベルの向上（無在庫経営によるコスト削減およびバックヤードの売場化）を実現していくためのシス

テム作りである。

小売業が直面しているこれら2つの課題を克服するために導入された主要な情報システム上の技術革新として，POS（point of sales：販売時点情報管理）およびEDI（electronic data interchange：電子発注方式）をあげることができる。先ず，POSレジは商品別に印刷されているJANコードを読み取り，単品別・購買時間帯別・顧客年齢層別売上情報を販売時点でストア・コントローラーに蓄積する。次に，この売れ筋商品情報をベースとしてEDIオンライン発注が行われるが，その際，注意すべきは次の事柄である。たとえば，CVSの場合，標準30坪（約100㎡）の売場面積に常時3,000アイテムの商品を取り揃えているため，1品目当たりのストックが少量となり，短いサイクルで欠品が発生する可能性が高い。しかし，販売機会の損失を回避し，売れ筋商品を常に棚に並べておくためには，発注を多頻度小ロット化するとともに，納品までのリードタイムを可能な限り短縮する必要がある。このような小売業側の要求は供給業者の活動に大幅な変更を迫ることになる。

供給業者としてのメーカーおよび卸売業の課題は，消費情報発生地点としての小売業と，いかに効率的なロジスティクス活動のリンケージを調整・統合化していくことができるかという点にある。具体的には，受注小口・多頻度配送の要請に応じて，オーダーピッキング要員不足に対処した倉庫の仕分け・検品システムの自動化を推進し，同時に，運転手不足に対処した物流共同化・混載およびコンピュータによる配送ルートの選定など，効率的な輸送システムを編成することが望まれている。また，CVSは他の小売営業形態よりもはるかに商品回転率が高く，大部分の商品が希望小売価格に限りなく近い値段で販売されているため，供給業者にとっては1品目でも多く自社の取扱商品をCVSの棚に並べてもらい，他社の商品に先んじて顧客忠誠を獲得したいというブランド構築の思惑から，ロジスティクス・システムを強化するケースが増加している。実際には，CVSの側が多頻度小口配送など，その高い要求水準を満たし得る供給業者を厳しく選別し，強力な拮抗力（countervailing power）を誇示しているのが現状である[14)]。つまり，CVSはチャネル・キャプテンとして，システムのより高い段階で企業間の諸活動を巧みに調整し，計画的で円滑な商品のフローとストックを編成しているのである。

第4節　セブン-イレブン・ジャパンのサプライチェーン

流通業界におけるジャスト・イン・タイム物流の先駆的モデルは，NTTと日本電気および野村総合研究所が共同開発した情報システムによって効率的に商品のフローを制御しているイトーヨーカ堂グループ系CVSのセブン-イレブン・ジャパンに見ることができる。本節では1980年代後半から1990年代前半にかけて，同社が急速に発展していく成長期のシステム構築について考察してみよう。図表２－４は，成長期の情報・物流システムである。

フランチャイズ・チェーン形態をとるセブン-イレブン・ジャパンでは，全国5,475の加盟店と本部との間で毎朝受発注業務が行われる。AM９：00に店舗のターミナルコントローラーからISDN（サービス総合デジタル通信）網を通じてオンラインで送信される発注データは，全国15カ所のインテリジェンス時分割中継装置を経由して，AM10：00までに野村総合研究所（東京・四ツ谷）のホストコンピュータにインプットされる。この情報は分散処理され，AM10：45からPM０：00の間に７カ所のサブセンターを経由して，出荷指示書および納品書という形式で，地域別に存在している730カ所のベンダー（商品供給業者）に送信される。ベンダーは出荷指示書に従い製造開始または在庫ストックの品揃え形成を行い，全国165カ所の共同配送センターに商品を補充する[15)]。共同配送センターへは，PM０：00からPM１：00までの間に店舗別仕分けデータとして出荷明細書が送信されてくるので，その情報に沿ってデジタル・ピッキング方式で店舗別仕分け作業が行われる。１センター当たり約250～500店舗を管轄しており，商品の種類によって到着時間は多少異なるが，早いものならば発注日のPM９：00まで，遅いものでも翌日のPM１：30までに納品が完了し，リードタイムの短縮により販売機会の損失（品切れ）の回避が図られている。

図表2―4　セブン-イレブン・ジャパンの情報・物流システム（成長期）

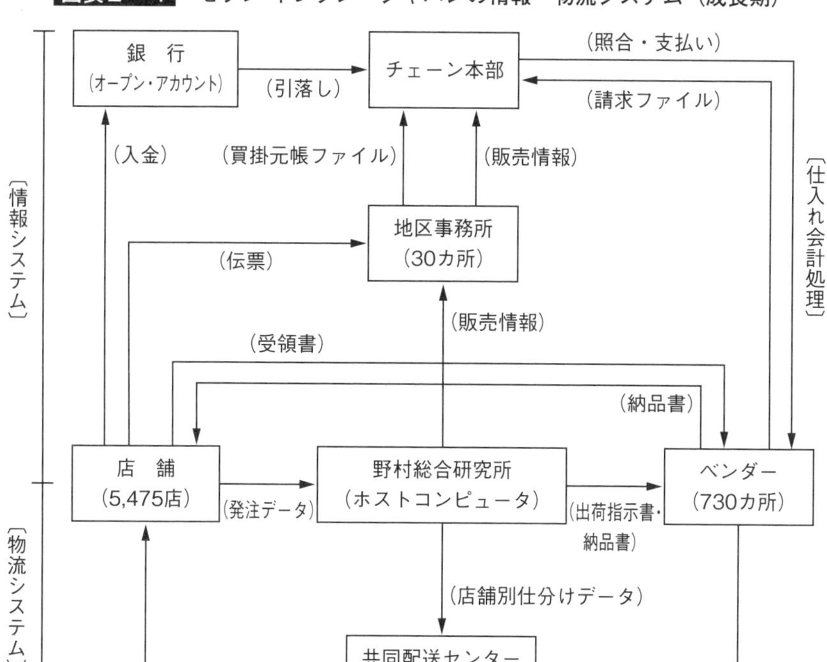

（出所）矢作敏行著『コンビニエンス・ストア・システムの革新性』日本経済新聞社，1994年，108頁。
国友隆一著『セブン-イレブンの情報革命』ぱる出版，1993年，95頁。
岩淵明男著『セブン-イレブン：商いの新次元へ』オーエス出版社，1993年，121，192頁。
以上の文献をもとに作成。

配送頻度は，米飯・調理パン１日３回，惣菜・牛乳などチルド商品１日２回，菓子・雑貨週２回，加工食品週３回，冷凍食品・アイスクリームなどフローズン商品週３回（夏季アイスクリーム週７回），雑誌週６回というサイクルで多頻度小口配送が遂行されている[16]。

ところで，この共同配送センターはセブン-イレブン・ジャパンによって運営されているわけではない。チェーン本部は土地，建物，車両などの主要設備には一切投資しておらず，共同配送管理，受注・出荷，デジタル・ピッキングなどに必要なコンピュータ・システムや受注端末機，POSラベル・プリンター，仕分け機などの機材を貸与しているだけにとどまっている[17)]。それゆえ，共同配送センターはベンダーまたは専門の物的流通（輸送・保管）業者によって独立採算制で運営されており，たとえば，定時配送遵守規定（早納59分前まで，遅納29分後まで）からはずれる納品を行った場合（加工食品・雑貨など），未納扱いとされて，弾力的行使ではあるが，取扱商品の粗利益分をペナルティーとして負担させられることになっている。

チェーン本部と商品供給業者との間で締結される高度な要求水準の継続的な取引関係は，取引特殊的投資（transaction-specific investment）によって支えられている。これは売手が買手のために，ある取引に必要な資産（生産設備や物流設備など）への投資を肩代わりするような活動を意味する。買手の要求に応じて売手が特別な設備投資を行えば，その設備の用途は買手の使用目的に限定され，売手は他の買手を探索するのが困難となるため，その取引関係は限定的・継続的なものとなる可能性が高い。他方，買手は一般的な市場取引では自己が必要とする特殊な流通サービスを入手することが困難なため，特定の売手と特殊化された取引関係を継続しようとする傾向が強くなる。それゆえ，取引特殊的投資が行われた提携関係においては，売手と買手双方の利害が一致するため，その取引は継続性および少数性という特質を帯びることになるのである。

このような取引特殊的投資は，先述の共同配送センターにおける物流設備のみならず，生産設備に対しても発動される。セブン-イレブン・ジャパンの場合，米飯・調理パン，惣菜，調理麺，焼きたてパンなどの分野で，中小企業の生産設備を専用化する状況が進行している。たとえば，日本デリカフーズ協同組合に属する米飯・調理パン・惣菜の工場（全国95カ所）のうち４分の３以上（73カ所）が，自社製品の90%以上をセブン-イレブンの店舗に供給しており，概して，販売力の強いCVSチェーン程，専用工場化あるいは製販同盟の浸透度が高い傾向を示していることが指摘されている[18)]。

資材調達から製造支援，そして物的流通へいたるロジスティクス・システムの構築を目指す組織間関係の生成を解明するにあたって，矢作敏行教授はサプライチェーン（supply chain）概念を用いることの必要性を次のように示唆されている。「小売チェーンは供給業者が負担する取引特殊的投資から通常より高い物的流通サービスを，相対的に低い対価で受け，他方供給業者は小売チェーンとの安定的な取引から投資を回収する見込みが立つからこそ小売の要請に応じて特定の投資を行うのである。そして，取引関係が安定し，サプライチェーンが形成されるのである。…小売チェーンと供給業者との間の緩やかな組織の統合と緊密なシステムの統合が織りなすサプライチェーンは，まさに取引特殊的投資を礎として生成，維持されている[19]」。ここで我々は，サプライチェーン，ロジスティクス・システム，および取引特殊的投資という３つの概念の意味内容と，それぞれの位置関係について検討・整理しておく必要がある。

L.M.エルラム（L.M.Ellram）とM.C.クーパー（M.C.Cooper）は，サプライチェーンの概念を以下の３つの特質で規定し，ロジスティクス・システムとの差異を明確に表現している[20]。

① サプライチェーン・マネジメントの成否は，マーケティング文献においてチャネル・キャプテンと呼ばれているものに類似した，全体的なサプライチェーンを調整し監視する役割を果たす１つの経済主体が，取引関係のある複数の企業と戦略的パートナーシップを構築することができるかどうかにかかっている。…サプライチェーン・マネジメントは，企業内部の諸活動よりも，むしろ企業間の諸活動を統合化することに関連した組織有効性（organizational effectiveness）の概念を援用し，また拡張したものなのである。

② サプライチェーン・マネジメントの概念はまた，不確実性の低減およびトータル・システム成果の向上におけるコミュニケーションと情報の役割を認識している。

③ サプライチェーン・マネジメントは，グローバルな競争場裡における需要に適合するために，多数の企業において，取引のあるパートナーとの関係が敵対

的なものから協調的なものへと変化しつつあるという現代の競争理論に関する認識を必要としている。

先述のごとく，ロジスティクス・システムの概念は，供給業者から顧客にいたる財貨の移動を，顧客ニーズを軸として費用対効果を最大化ならしめるべく管理することであると規定されていた。ここではモノの流れを制御しているのが単独企業であるか複数企業であるかにかかわらず，オペレーショナルな次元で業務的・機能的連係が問題にされている。それに対して，サプライチェーンの概念は，ロジスティクス・システムを内包しており，顧客サービス水準のさらなる向上を目指して，生産・物流サービスの売手と小売段階に存在する買手が双方の設備と活動を結合させることによって，競争上の優位性が発揮されるとの意図のもとに，企業間で長期的視点に立ったパートナーシップ契約が締結されるという，ストラテジックな次元での企業間提携が主題となっている。それゆえ，サプライチェーンの意思決定は，戦略的提携（strategic alliance）の一環として取引特殊的投資を計画し[21)]，その次の段階において，ロジスティクス・システムという機能的リンケージを企業間の諸活動に照らして効率的に設計することにより，統合化を推進していくプロセスであるということができる。

「1970年代の後半および1980年代を通して，合衆国の主要な企業の間で，企業内部における機能的領域を統合化するという考え方は一般的となった。この傾向の背後に存在する推進力は以下のような認識による。すなわち，企業の業績を最適化するために，ある個別の機能がその目的と活動を他の諸機能と統合化せず，それ自らの業績を最適化しようと試みた場合，疑似最適化が生じてしまうという認識である。サプライチェーン・マネジメントは，単一の企業を越えて，サプライチェーンにおける全ての企業に対して，この機能的統合化の概念を拡張するものであり，1990年代に向けてその統合概念をもたらすものなのである。供給業者，顧客，および第三者的サービス提供業者は，チャネルをより効率的で競争的なものにするために必要な情報と諸計画を分かち合うのである[22)]」。

最後に，エルラムとクーパーが指摘したサプライチェーンの重要な側面の1つとして，情報共有化について付言しておきたい。戦略的な企業間関係が生み出す情報の創造的な相互活用は，かつてK.レヴィン（K. Lewin）らを中心とする学習理論が発見した，組織における認知構造の動的変化を引き起こし，構成メンバーの活動をより有効なものへと変容させる作用を及ぼすことになる。たとえば，ロジスティクス問題に引き寄せて考えれば，情報の共有化は在庫圧縮に大きな効果をもたらす。流通の各段階で保有される在庫はコスト削減の主要項目とされているが，それにもかかわらず大量のストックが必要とされてきたのは，予想外の需要変動という不確実性に対する緩衝材として機能してきたからである。

つまり，小売業者も供給業者も不確実性の発生による販売機会の損失を可能な限り抑えるために，従来，大量のバッファー（buffer）在庫に投資してきたのである。しかし，ロジスティクス・システムに参画する企業間で商品のフローとストックに関する情報が共有化され，相互の作業が事前に調整されていれば，在庫圧縮と需給均衡は同時に達成される可能性が高くなる。「販売動向，受発注，業務計画といった情報が正確かつ迅速に両者で共有，蓄積されると，“情報”が“在庫”に置き換わる効果が発揮される[23)]」のである。

図表2－5は，ファーストフードおよび日配食品分野におけるセブン-イレブン・ジャパンの商品供給業者上位30社のランキングである。これらの供給業者は独立系企業と大手食品会社の系列企業とに分類できるが，いずれの場合もセブン-イレブン加盟店への販売依存度が50%以上の状態にある。情報共有化はこれらの取引特殊的投資によって形成されたクローズド・システム（closed system）内部で遂行され，チェーン本部がPOSによる詳細かつリアルタイムの店頭販売データを収集し，供給業者との密接な情報のやりとりにより，消費の即時性ニーズに機動的に対応したマーチャンダイジングが実現されることになる。つまり，情報共有化は継続性および少数性という特質をもつ閉鎖的な取引関係においてのみ促進されることに注目する必要がある。

図表2―5　ファーストフード，日配食品分野における セブン-イレブンの商品供給業者上位30社（推定）

会　社　名	本　社 所在地	親　会　社	企業 形態	設立年月	供給品目
わらべや日洋	東　京	独立系	A	64.3	F
フジフーズ	千　葉	独立系	A	62.2	F，D
武蔵野	埼　玉	独立系	A	69.7	F
虎昭産業	東　京	独立系	A	67.9	F，D
弁釜	北海道	独立系	A	76.5	F
東海デイリー	埼　玉	東海漬物	B	77.2	D
はやしや食品	長　野	独立系	A	64.5	F，D
プリマハム	東　京	食品メーカー	B	48.7	D
信食	静　岡	独立系	A	83.7	F，D
カワニシデリカ	千　葉	カワニシ食品 東食，日清製粉	d	86.10	調理麺
ロバパン	北海道	独立系	A	50.4	F，D
プライムデリカ	神奈川	プリマハム	B	86.11	D
デリカエース	埼　玉	味の素	B	88.11	F
ヒガシヤデリカ	埼　玉	エスビー食品	B	90.3	調理麺
高崎デリカフーズ	群　馬	伊藤ハム	B	88.9	F
デリカシェフ	埼　玉	ハウス食品	B	85.8	D
泉平フーズ	福　岡	独立系	A	70.12	F
ナイスコック	北海道	弁釜他	a	86.6	F，D
九州プライムデリカ	福　岡	プリマハム	B	88.9	D
丸岩食品	福　島	独立系	A	76.5	F
プライムデイリーフーズ	広　島	プリマハム，福原一族他	b	89.10	F，D
双葉産業	福　岡	独立系	A	78.2	F
山口プライムデリカ	山　口	プリマハム，山口食鳥他	b	90.8	F
中村寿司店	埼　玉	独立系	A	67.10	F
サンヨーフーズ	広　島	企業組合ニッショク	D	88.10	F
サンワフーズ	福　岡	双葉産業，泉平フーズ 武蔵野	a	86.6	F
デリカウイング	広　島	プリマハム，伊藤忠 細川一族	d	92.6	F，D
両毛食品	栃　木	独立系	A		D
いわきデリカ	福　島	独立系	A	78.5	F
キッチンデリカ	千　葉	紀文食品	B	88.8	D

（注）①セブン-イレブン・ジャパン，各商品供給業者の聞き取り調査（1993年９月時点）により推定。

②表題に掲げた「主要食品供給業者30社」とは，1993年２月期の実績からセブン-イレ

ブンに対する供給額が上位30位以内にはいると思われる企業をリストアップし，おおよそ供給額の多い順に並べた（厳密な意味でのランキングではない）。
③企業形態の項のうち，Ａは独立系，Ｂは食品メーカー系，Ｄはその他，ａは複数の独立業者による共同出資，ｂは独立系・食品メーカーの共同出資，ｄは商社を含む共同出資を示す。
④供給品目の項のうち，Ｆはファーストフード（米飯・調理パンなど），Ｄはデイリー食品（惣菜，サラダなどの日配食品）の略。調理麺はデイリー食品に分類されているがここでは別記した。
⑤表中，武蔵野はグループ企業として扱い，武蔵野・西日本，武蔵野・東海，武蔵野・西日本の関連会社は省略した。

（出所）矢作敏行著『コンビニエンス・ストア・システムの革新性』日本経済新聞社，1994年，253頁。

第5節　戦略的提携の時代へ

財貨の物理的移転に関する研究は，アメリカにおいて，およそ３つの段階を経て展開してきたものと考えることができる。第一段階は1960年代から1980年代前半にかけて，経済が成熟期に差しかかった時代に，完成品を消費者へと移転する物的流通活動を統合化する動きが始まった。輸送・保管・荷役・包装などの個別活動間に機能的・費用的トレード・オフ関係が存在していることを発見し，所与の顧客サービス水準を達成するための活動間リンケージを最適化すると同時に，トータル・コストを下方にシフトさせる方法が模索された。

第二段階は1980年代後半から1990年代初頭にかけて，経済が再設計期に突入した時代に，マーケティングとロジスティクスの統合が重要なテーマとして浮上してくる。これは従来，マーケティング活動の４Ｐ（製品・価格・販売経路・販売促進）に対して物的流通活動がいかに有効な貢献を果たすかという認識が浅薄であったことに対する反省として生じてきたものである。マーケティングとロジスティクスの乖離を問題視する論拠は，三浦信教授によって簡潔に表明されている。「もちろん，物的流通の問題自体は決して軽視されてきたわけではない。輸送・保管・標準化などについての効率の良い方策は常に求められてきたし，そこに発達した流通技術（distribution techniques）は，今日，わが国にも急速に取り入れられている。…しかし，問題はそれがマーケティングの一環としてではなく，個々の物的流通活動の技術的合理化を中心として展開されてきたところにある。そこでは，輸送，保管などは市場との関係でとらえられるよりも，むしろ与えられた条件の下でどれだけ合理化，すなわち費用の削減が可能かといった観点から取り上げられるのが普通であった。その狙いが環境条件への働きかけというよりも，受動的な無駄の排除にあると考えられているかぎり，物的流通の問題が，マーケティングの体系内に，本当の意味で組み込まれていなかったのも当然といえよう[24)]」。顧客からの要求情報をベースとした資材調達から製造支援，そして物的流通にいたるロジスティクス・システム構築への意志は，このような問題意識を背景として萌芽してくるのである。

第三段階，すなわち1990年代を迎えたアメリカ経済は，産業のあらゆる分野で戦略的提携を時代のキーワードとして，顧客接点の場を求めてチーム組織の確立に向けて変革を続けている。これはリーダーシップを発揮する企業による外部組織の融合化の展開であり，ロジスティクス問題を軸とすれば，サプライチェーンの形成段階として理解することができる。ウォルマートやJ.C.ペニーといった革新的な流通企業は，ロジスティクス・システムの構築を目指した積極的な戦略的提携を推進し，チャネル・キャプテンとして国内のみならず国外企業とのPB商品開発によるプログラムド・マーチャンダイジング（仕様書発注方式による品揃え形成）を体系化している。ディスカウントストアのウォルマートの場合，長年のライバルであったKマートの売上高および利益を1991年に追い抜き，さらに，1993年にはシアーズ・ローバックの売上高をも凌駕してアメリカ小売業第1位に躍進している[25)]。

また，ウォルマートの国際戦略については，1994年のイトーヨーカ堂および国際流通グループ・ヤオハンとの提携が注目される。日経流通新聞によれば，ウォルマートが提携を相次いで決めた背景は，日米の大手小売業同士が手を組んで，国際規模の商品調達ネットワークや商品開発システムを構築するのが狙いであったとされている。特に，販売動向情報をメーカーに提供して共同商品開発を進めているイトーヨーカ堂のノウハウが重要視されており，包括提携の目的は，「商品を調達する力（ウォルマート）」と「商品を売り切る力（イトーヨーカ堂）」とを組み合わせることにあった[26)]。

ウォルマートのケースに限らず，サプライチェーンはグローバル化の進展とともに，販販同盟あるいは製販同盟の形で積極的に展開されているのが現状である。わが国では円高経済を背景として，生産拠点の海外依存あるいは海外移転が増大し，国際ロジスティクスの形成が主要な競争力の源泉として認識されている。その意味で，企業経営におけるロジスティクスおよびサプライチェーンの活動領域は，今後ともますますその重要性を高めるものと考えられる。

■注

1）P.F.Drucker, "The Economy's Dark Continent", *Fortune*, April,1962, P.103.

2）R.H.Ballou, *Basic Business Logistics*, 2nd ed.,1987, pp.11-12.

3）J.L.Heskett, "Some Thoughts Regarding Trends in Business Logistics", in E.J.Kelley and W. Lazer ed., *Managerial Marketing*, 3rd ed., 1967, p.534.

4）W.Lazer, "A Systems Approach to Transportation", *Distribution Age*, September, 1960, p.35.

5）D.J.Bowersox, "Changing Channels in the Physical Distribution of Finished Good", in D.McConaughy ed., *Readings in Business Logistics*, 1969, p.122.

6）"The Economic Environment of Middle Sixties", *The Conference Board Record Ⅰ*, September, 1964, p.30.

7）J.L.Heskett, *op.cit.*, p.536.

8）D.J.Bowersox, D.J.Closs and O.K.Helferich, *Logistical Management*, 3rd ed., 1986, p.16.

9）阿保栄司著『ロジスティクス・システム』税務経理協会，1992年，11－13頁参照。

10）阿保栄司著『ロジスティクス革新戦略』日刊工業新聞社，1993年，32－33頁。

「いまでは，MRPやジャスト・イン・タイムという調達活動管理を生産管理に結びつける諸手法をも，ロジスティクス管理のなかで使用すべき１手段ととらえているのである」。

11）わが国におけるロジスティクス・システムの本格的導入は，まずトヨタ自動車の「かんばんシステム」として生産部門で採用された。それは組み立て工程に沿った原材料・部品の分類取り揃え，また下請部品メーカーからの調達などのプロセスを，適時適量供給で運営していく体制として画期的であった。トヨタのジャスト・イン・タイムは，自動車のデザインや機能に対する顧客の要求が多様化し，多品種少量生産にともなう部品の種類や在庫量が膨大に増加したため，在庫コストの削減を目的として，「必要な部品を必要な時に必要な量だけ」揃えようと試みられたものである。これは日本で創意工夫された生産方式であり，1973年の第１次オイル・ショックを契機に，その効率性が国内外で注目された。

12）ここでのコンビニエンスストア（CVS）は，①セルフサービス販売方式，②営業時間が12時間以上または閉店時刻が21時以降，③売場面積が50㎡以上500㎡未満の店舗を指す。

13）日本経済新聞社編『日経業界地図：2019年版』日本経済新聞出版社，2018年，170－171頁。

14）J. K. Galbraith, *American Capitalism*, 1952.（新川健三郎訳『アメリカの資本主義』TBSブリタニカ，1980年，131－159頁）。「日本経済新聞」1995年６月15日付。「食品の売上高でみた場合，小売業最大手のダイエーは9,377億円（1995年２月期）。一方，セブン-イレブンは１兆0,735億円でダイエーを上回る。製販同盟が主に大手コンビニと食品メーカーの間で進められるのはこのためだ。しかもコンビニの取扱品目数はスーパーの10分の１だから，単品の販売量でははるかにスーパーを引き離す。…食品メーカーにとってコンビニの棚に並ぶか並ばないかは死活問題だ。…コンビニ各社は商品の差別化を徹底するため賞味期間が短い，できるだけ生に近い商品を投入し始めた。…しかし大規模工場で大量生産してきた食品メーカーがコンビニのこうした鮮度要求に応えようとすれば，数多くの分散型生産拠点と冷蔵倉庫が必要になり，巨額の設備投資を伴う。…コンビニは食品メーカーの生産システムにも変革を迫っている」。

15）矢作敏行著『コンビニエンス・ストア・システムの革新性』日本経済新聞社，1994年，112－113頁。「共同配送センターは同一の財の結合基準を有する商品グループごとに適切な立地に配送拠点を設置し，あらかじめ決められた配送コース別店舗に各供給業者が持ち込んだ商品を仕分け，取り揃えて一括して納品する仕組みである。…センターの機能は在庫の有無により２種類に分けられる。センターが在庫をいっさい保有せず，午前中に搬入された商品が午後には納品のために搬出されるクロス・ドッキングの機能に特化している場合と，一定の在庫保有により需給を調整している場合とがある。無在庫方式は商品の保存性に乏しい米飯・調理パン，惣菜，豆腐，パン，牛乳，ハム・ソーセージなど，また有在庫方式は雑貨，加工食品がある。1994年８月末現在，共同配送センターは米飯・調理パン45，冷凍食品39，チルド商品38，加工食品20，雑貨253の計165カ所に達している」。

16）矢作敏行・小川孔輔・吉田健二共著『生・販統合マーケティング・システム』白桃書房，1993年，182頁参照。共同配送センターを経由しない商品あるいはメーカーは，花王（週２回配送），コカコーラ（週３回配送），卵（週３回配送），一部雑貨などで，これらは生産者から直接店舗へ納品されている。

17）矢作敏行著，前掲書，113頁参照。

18）同上書，131－132頁参照。

19）同上書，130頁。

20）L.M.Ellram and M.C.Cooper, "Supply Chain Management, Partnerships and the Shipper-Third Party Relationship", *International Journal of Logistics Management*, Vol.1, No.2, 1990, pp.3-4.

21）吉田和夫・大橋昭一編『基本経営学用語辞典』同文舘出版，1994年，165頁。「戦略的提携とは，単なる業務の提携ではなく，各企業あるいは企業集団が，長期戦略に基づいて，最も重要な経営資源を互いに提供して共存を図る状態のこと。互いの経営資源の相互補完，情報公開を前提としたゆるやかな関係，無駄な競争排除と協調などの特徴を持つ。企業が資本的に一体化する合併とは異なり，相互の独立性は保たれる」。

22）L.M.Ellram and M.C.Cooper, *op.cit.*, p.1.

23）矢作敏行著，前掲書，127頁。

24）三浦信著『マーケティングの構造』ミネルヴァ書房，1971年，186頁。

25）山岡敬始著『ウォルマートが日本に上陸する日』ぱる出版，1995年，68－69頁参照。

26）「日経流通新聞」1994年３月29日付。ウォルマートのサプライチェーン形成の推進には，アメリカの産業空洞化に歯止めをかけ，雇用創出を狙う意図が込められている。「アメリカの貿易赤字拡大に呼応して，1985年から開始されたバイ・アメリカン・キャンペーンは単に消費者にアメリカ製品を買うよう呼びかける運動ではなく，消費者への商品供給をメーカーと一緒に考え，その過程でアメリカ・メーカーの仕事を確保することにあった。その結果ウォルマートがあらかじめ大量購入に踏み切れば，さまざまな面で効率を上げることが分かってきている。…このキャンペーンによると，ウォルマートの試算では43,000人の雇用が確保されたという」。内田武之著『日米・小売新勢力のコンセプト&デザイン』産能大学出版部，1993年，129－130頁。

第3章

マーチャンダイジングとロジスティクス
—QR，ECR，カテゴリー・マネジメントの台頭—

第1節 マーチャンダイジングとは

マーチャンダイジング（merchandising：MD）という用語は，史的展開の中で，主として，卸売や小売を担う流通企業の活動として利用されてきた経緯がある。アメリカ・マーケティング協会（American Marketing Association：AMA）の定義によれば，MDは「企業のマーケティング目標を達成するのに最も役立つように，特定の商品やサービスを，適正な場所，時期，価格，そして数量で市場に提供することにともなう計画と管理[1)]」と規定されている。

MDは，かつて1929年以降の世界大恐慌期に，アメリカの製造企業が遊休資本設備の稼働率上昇を目的として，自社の製品ラインを消費者需要に適合させる組織的な活動（製品計画）を展開した際に用いられた概念でもある[2)]。しかし，流通企業の活動としてMDが使われる場合，一般に「仕入れ」と「品揃え」を意味する用語と解釈されがちであるが，仕入れた製品を単純に再販売するのではなく，「商品政策」や「商品化計画」と訳されるように，物資としての「製品」を回転率の高い「商品」へと仕立て上げていくための魅力的な商品構成やプレゼンテーション，価格設定やストア・レイアウト，そして広告訴求やPB（private brand）商品開発などにいたる諸活動をも含む複合的な体系として認識する必要がある。

市場即応型のマーケティングに対応する流通企業のマーチャンダイジングは，POSデータをベースとする単品（stock keeping unit：SKU）別の商品供給の効率化を追求するだけではなく，生活者の活動体系から派生する商品取揃え，すなわち生活カテゴリー（category）単位に合わせて供給することが要請されている。しかも，生活者が欲しいと思う取揃え要求は，シーズンごとの社会行事や生活スタイル，およびファッション・トレンドの変遷傾向などに影響され，時間の流れの中で逐次変化するものであるため，小売店頭レベルにおけるMDは，需要変動に敏感に即応できる強力なロジスティクスに連動している必要がある。

伝統的なマーケティングでは，加工食品，日用雑貨品，衣料品，化粧品，医薬品，家電製品，自動車などというように，業種別に製造企業→卸売企業→小売企業へと商品が流れる「流通経路」が構築されてきた。そこでは，いずれも製造企業が主導権を掌握し，特約問屋や自社の販売会社を経由して流通支配を行う方策が主流であったため，メーカーサイドから見てこれを「販売経路」と呼んできた。特に，わが国の流通機構において，消費財セクターに属する工業製品の流通は製造企業の支配力が強く，「流通系列化」によって徹底的なブランド・価格管理を維持してきた歴史的経緯がある。それゆえ，日本の流通経路は世界でも稀に見る「プロダクト・アウト（生産体系別MD)」型をとってきたと言える。しかし，市場即応型のマーケティングでは，逆に生活者の商品取揃え行動を支援する「マーケット・イン（生活カテゴリー別MD)」発想から出発し，生活者の購買代理人としての機能を遂行する「小売バイヤー（retail buyer)」のMDをコア・コンピタンス（core competence）とした「標的市場適応型小売業（edited retailing）[3)]」が流通の主導権を獲得することになる。

従来，モノづくりは製造企業が行い，流通企業はそれを再販売するという役割を分担してきたが，現在，その境界線は急速に曖昧となっている。こうした動きは，経済のライフサイクル局面が成長期から成熟期へと移行していく1980年代後半以降に顕著となったものであり，主として小売段階における異形態間競争の激化が原因となっている。すなわち，スーパーの出店が飽和する中で，コンビニエンス・ストア（CVS）が急速に増加し，カテゴリーキラーやホールセールクラブなどの新業態店が台頭，百貨店が対抗策として売場の改装や増床を繰り広げる環境激変に直面して，各店舗の最優先課題は顧客の来店動機を強化する方策の模索へとシフトしていった。それは散発的なセールス・キャンペーンなどでは対応できず，競合店との抜本的な差別化を志向する市場ポジショニング・ステートメントをベースとした自店だけの商品構成を実現する方向性であり，売れ筋商品の的確な把握のみならず，既存のNB（national brand）商品が顧客の潜在需要を満たしていない場合には，流通企業自ら独自のモノづくりの論理に立ってPB商品企画や調達ルートの開拓を積極的に推進していかなければならない。

かつて，製造企業の行動原理として出発したマーケティングは，消費者志向を貫徹するにつれ，主要な活躍の舞台を流通企業の市場適応行動へと移行させていった。わが国では，その萌芽は既に1960年代後半に見うけられ，顧客情報へのアクセスにおいて，原理的にも実践的にも有利な地位を占めている流通企業の行動が，資本主義経済の動態の中で，よりピュアなマーケティングを抽出させつつある[4)]。流通企業のマーケティングにおいて中核的な役割を担うのがMD機能であり，1990年代の再設計期を経て，景気低迷，内外市場のグローバリゼーション，情報ネットワーク化の進展などによる競争激化の中で，成長機会を求めてより一層の機能強化を図る必要性に迫られている。

第2節　カテゴリー・マネジメントの台頭

生活者の活動体系を軸としたMD活動はいかに実現されるのであろうか。また，自己の問題解決行動[5)]を指向する顧客の情報はいかに的確に供給業者へと伝達されるのであろうか。この課題に商品選別および商品企画の両側面から応えようとする具体的手段がカテゴリー・マネジメント（category management）である。通常，個々の生活者がもつ活動体系は，TPO（時間・場所・機会）に応じた主体的な価値観を反映した複数の生活局面（シーン）の使い分けによって成り立っている。

「1つひとつの生活局面は単品では表現しえず，そのシーンを構成する商品を1つのコンセプトのもとに群で開発，提供することで具体的な形をもつと言える。また，生活局面は，モノ（ハード・機能・コンセプト）とコト（ソフト・価値・パフォーマンス）で構成されているわけで，モノが群を成すことでコトを表現し，さらに売場演出や具体的な説明をすることでコトづくりが成され，よりわかりやすい提案となる[6)]」。

商品を1つの記号と見做すならば，人間にとっての商品の価値（意味）は，その商品自体に内在的にあるのではなく，他の全ての商品との価値関係として生成することになる。つまり，関係の体系としての差異が，貨幣によって量的な差異として表われるのであるから，要素間関係（構造）すなわち商品構成を変化させれば，当該商品の価値も変化することになる。このような考え方に基づいて，商品の価値を最大限に引き出そうとするのがカテゴリー・マネジメントの手法であり，モノ（商品）が演出されたコト（関係の体系）の中で表現されることによって，特別の意味（価値）を帯び始めるのである。

ここでいう「カテゴリー」とは，生活者の目から見て相互に関連性があり，または相互に代替性がある商品やサービスのグループを意味しており，ストア・レイアウト・レベルにおいて，生活シーンの充実を提供・提案できるような品揃え範囲を，カテゴリーという戦略事業単位（strategic business unit：SBU）としてとらえ，流通企業と製造企業（海外メーカーも含む）が蓄積された顧客情報を共有しながら，効率的なMD活動を計画・管理するプロセスをカテゴリー・マネジメントと呼んでいる。これは主として，アメリカの食品・雑貨業界が作り出した概念であり，1994年末のアメリカ食品小売業協会の調査では，カテゴリー・マネジメントを何らかのかたちで導入しているスーパーマーケットは70%に達すると指摘している。カテゴリー・マネジメントが要請される背景には，以下のような問題意識が横たわっている。

「日米で十数年前からPOSレジが導入され，これによってそれ以前のレジ・ボタン別の部門別管理から，JANを使った単品別管理へと一気に移行してしまった。その結果，業界関係者は，まさに画期的だとばかりにそれに飛びついて，それ以来，単品管理一辺倒になってしまった。このため，商品分類上において「部門（菓子・飲料という大分類）」と「単品（特定の商品アイテム）」の中間にあたるこの「カテゴリー」の分類，すなわち消費者の見方というものを忘れてしまったのである。たとえば，バイヤーはPOS情報を単品ごとにどの商品が売れ筋かを探して陳列のフェースを広げるとか，あるいは死に筋を見つけ出してその商品をカットするといった，その種の些細な意思決定にしか利用していなかった。加えてメーカーのほうも，そうした情報に完全に振り回されていたのである。このような誤りを素直に認め，もっと消費者志向を強くすべきであるという反省の結果として登場した考え方が，このカテゴリー・マネジメントであった[7)]」。

ここで，カテゴリー・マネジメントの具体的な取組みについて，CVSの事例で検討してみよう。**図表３－１**は，セブン-イレブンとローソンの品揃え状況を，健康食品および菓子の両分野において比較したものである。健康志向ブームに乗ってタブレットタイプの効能菓子がマーケットに出現し始めた当時，CVS各社は，そのカテゴリー設定の試行錯誤に苦慮した時期があった。効能錠菓と呼ばれるこの種の商品は，ミント系で清涼感が良いもの，ビタミンなどを補給するもの，ダイエット効果があるもの，口臭を消すもの，栄養のバランスを整えるものなど，機能別に差別化されており，カネボウのフリスク，ポーラのシーズケース，カバヤのエアースマッシュなどが代表的な売れ筋商品としてあげられる。これらの商品をカテゴリー分類する場合，セブン-イレブンでは一般的な菓子スペースに属する「ガム・キャンディー＋錠菓」カテゴリーに含められているのに対して，ローソンではこのカテゴリー以外に新たに「健康食品＋効能錠菓」カテゴリーを設定し，加工食品・菓子・飲料の３分野にまたがる健康グッズを１つの売場スペースにセッティングする「クロスMD」を展開している[8)]。これは「買う時のシーン，選択の仕方などが似通っているので，同じ

図表３－１　CVSにおけるカテゴリー・マネジメント（オフィス街立地のケース）

（1）セブン-イレブンA店にみる品揃え状況（F=フェイス数）

健康食品

カップ茶漬け

カップ雑炊

大塚カロリーメイト チョコレート フルーツ チーズ 各97円 1F 1F 1F ／ 大塚カロリーメイト チョコレート フルーツ チーズ 各194円 1F 1F 1F

トキワラピス ギムネマダイエット ガルニシアダイエット オオバコダイエット 各880円 2F 2F 2F ／ ザンギ アパタイトカルシウム 480円 2F ／ メタボリック ダイエットバー ガルシースリムココア 194円 1F ／ 日本食研 バランスデイト ココア バニラ 194円 194円 1F 1F

UCC ミスリーン 145円 2F ／ サンスター 緑黄色野菜ジュース 250円 1F ／ ビュースリムドリンク 198円 3F ／ 大塚 カロリーメイト(缶) コーヒー New 194円 194円 1F 1F ／ ポーラ バランスライフ（缶） 1日分のカルシウム 145円 3F ／ トキワラピス バランスバー 145円 1F ダイエットバー 145円 1F

森永ウィダー ファイバーイン ビタミンイン エネルギーイン 各194円 1F 1F 1F ／ ポーラ バランスアップ フルーツ チョコレート バター サラダ 各95円 1F 1F 1F 1F

シリアル

ガム・キャンディー＋錠菓

カンロ おいしいダイエットガルニシア 398円 1F ／ カンロ におわん 398円 1F ／ ABC ダイエットガムガルニシア 1F ／ ABC ガルニシア3000 285円 1F ／ ポーラ ミンティア カシス&ミント 185円 1F ／ ワーナー シトラスミント 185円 1F ／ コルト ブルーミント 185円 1F

ポーラ シーズケースプラス 185円 1F ／ サントリー おいしくビタミン 1F ／ カネボウ ダイエットガム 1F ／ フレンテ スーパーフレッシュレモン 185円 1F ／ グリコ ウェイクアップ 185円 2F ブレス 185円 2F

カバヤ エアースマッシュ ピーチミント 185円 1F ／ カネボウ フリスク ユーカリミント 1F スペアミント 2F ペパーミント 2F 各185円 ／ サントリー コーヒービター 2F

のどあめ

ガム ／ ロッテ ブラック&ブラック タブレット 2F

ガム

キャンディー　ガム

キャンディー ／ ワーナー・ホールズ シュガーレス レモン 185円 1F グレープ 185円 1F

ガム ／ 明治 ローラアソート 218円 2F

キャラメル

（2）ローソンB店にみる品揃え状況（F=フェイス数）

健康食品＋効能錠菓

ロッテ ホワイトミント 145円 2F ／ ポーラ ミンティア ペパーミント 185円 1F カシス&ミント 185円 1F ／ ノベル ガルニシアダイエット 238円 2F ／ ポーラ シーズケースプラス 185円 2F ／ カバヤ エアースマッシュ ブルーベリーミント 185円 1F ／ カネボウ フリスク ペパーミント 185円 2F ユーカリミント 185円 2F スペアミント 185円 2F

学研 チロリン村タブレット 99円 1F ／ ダイリン ダイエットグミ 285円 1F ダイエットライム 285円 1F ／ ブルボン セットバランス ココア 95円 1F バター 95円 1F ／ ポーラ バランスアップ フルーツ 95円 1F チーズ 95円 1F チョコレート 95円 1F

タケダ・ベータプラス VC VA OF マルチビタミン Ca Fe 8286乳酸菌 各388円 1F 1F 1F 1F 1F 1F 1F ／ カンロ たのしくガルニシアダイエット 398円 1F ／ 大塚 ザ・カルシウム チョコレート 68円 1F ／ 大塚 カロリーメイト チョコレート フルーツ チーズ 各97円 1F 1F 1F

ザンギ アパタイトカルシウム 480円 1F ／ タケダ ビタミンサラダ チョコレート 175円 1F 紅茶 175円 1F ／ トキワラピス バランスバー 145円 2F ダイエットバー 145円 1F ／ 大塚 カロリーメイト チョコレート フルーツ チーズ 各194円 2F 1F 1F

袋キャンディー

ガム・キャンディー＋錠菓

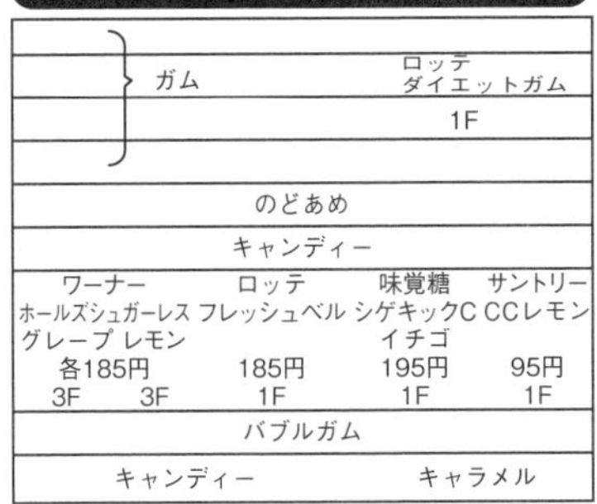

（出所）加藤直美稿「'96年コンビニ食品３大カテゴリーの売れ方・売り方大総括」『食品商業』商業界，1997年１月号，227－228頁。

売場であった方が，お客様にとっては買いやすい（ローソン広報）」というカテゴリー命題を反映した戦略であり，このような発想に基づくカテゴリーの見直し・再編（顧客の生活想定に基づく「場」の創造）は，あらゆる小売業態に波及していくものと推測される。

SBUとしてのカテゴリーの管理は，一般に10～15のカテゴリーを担当するカテゴリー・マネジャーによって運営され，MD本部長のもとに複数配属されているが，従来のMD方式とは異なり，仕入（商品企画も含む）から販売（棚割り，価格設定，販売促進など）にいたる一連の意思決定プロセスを一貫して統括する責任を負っているところに特徴がある[9)]。チェーンストア型MDシステムは，大規模流通企業に多店舗化による規模の経済性というメリットをもたらしたが，その一方で，店舗には販売機能のみを遂行させ，仕入機能については，標準化された品揃え範囲を本部のバイヤーが集中仕入れする分業体制を確立してしまったため，「仕入機能と販売機能の分離」という事態をも招くことになった。これは「商品の販売活動はバイヤーとはかなり距離的に離れた各支店（店舗）で展開される[10)]」ことを意味し，売場レベルでの需要動向が的確にバイヤーの仕入活動に反映されない危険性をともなうため，マーケット・イン発想のMDの実現が困難な状態となっている。問題視される店舗の魅力度や販売力の低下は，画一的で単調な売場を生み出してしまうチェーンストア・オペレーションに原因があるものと考えられる。

カテゴリー・マネジメントの目的は，商品構成において店舗差別化を強化し，カテゴリーごとのROI（return on investment：投資収益率）を極大化することにある。その実現のためには，①カテゴリーごとに品揃えを見直すこと，②カテゴリー内の個々の商品の棚スペースの割り当てを変えること，③カテゴリーの販促戦略を立案すること，④価格設定戦略を立案すること，⑤ロジスティクスの仕組みを変更することが必要となる[11)]。これは単に小売企業の課題にとどまるものではなく，その顧客情報を軸とした付加価値連鎖の形成に参画する卸売企業または製造企業との連携があって初めて達成されるものである。それゆえ，カテゴリー・マネジメントを中核とする今日のMDは，ロジスティクス要素の戦略的活用が極めて重要な地位を占めており，従来の仕入機能とは全く異なる特性に焦点を当て，MDロジスティクス活動というハイブリッド機能として認識する必要がある。

第3節　マーケット・イン発想のMDロジスティクス

カテゴリー・マネジメントの要請は，既存の流通システムに抜本的な改革を迫ることになる。その契機はアメリカのアパレルおよび加工食品の両業界において現われた。先ず，アパレル業界は70年代から80年代の初頭にかけて，海外からの輸入増大に対する政府の産業保護政策（輸入割当）に守られていたが，その後も業績悪化や産業空洞化などの低迷が続いたため，主力企業が1984年に国産品愛用協議会（crafted with pride in USA council）を結成し，カート・サーモン・アソシエイツ社のコンサルティングをもとに，アパレルメーカーのミリケン社がQR（quick response：短納期生産供給）という市場対応型生産・流通システムを開発した。QRは日用雑貨業界のP&Gとウォルマートの製販同盟でも積極的に活用された。

他方，加工食品業界も70～80年代の景気低迷にともない成長率が鈍化し，さらに，80年代後半にディスカウントストアやホールセールクラブといった新業態店の価格攻勢にシェアを侵食されたため，食品マーケティング協会（Food Marketing Institute：FMI）はマッキンゼー社に業務調査を依頼した。その結果，ディスカウントストア（ウォルマートやKマート）とホールセールクラブ（ウォルマート・グループのサムズやKマート・グループのペイス）が日用雑貨部門において蓄積したQR技法を活用し，スーパーマーケット（クローガーやセーフウェー）のロジスティクスをはるかに凌駕するシステムで営業コストを圧縮，平均26％の価格破壊を実現していることが明らかとなった[12)]。「これらの新しい業態の企業に対抗可能な方策を作り出す[13)]」というFMIの要請を受けて，カート・サーモン・アソシエイツ社が1993年に報告書を作成し，QRをモデルとして提案したシステムがECR（efficient consumer response：効率的消費者対応）であった。

図表3－2はECRの体系を示したものである。これは生活者により高い価値を提供することを目的として，製・配・販を担当する各企業が緊密に連携することを提唱しており，①情報技術（POSデータ分析，EDI），②ロジスティクス技術（連続補充：CRP，自動発注：CAO，クロスドッキング），③マーケティング技術（カテゴリー・マネジメント，陳列スペース管理），④組織化技術（製販同盟，チーム型組織，ストリームライン化）の4分野を協業関係において精度向上させ，システム全体の効率性（コスト低減，在庫削減，設備稼働率上昇など）を高めることを意図している[14)]。わが国ではバブル経済の崩壊後，景気低迷とモノ余り現象の中でカテゴリー・マネジメント，QR，ECRといった概念がほ

図表3－2　ECR（efficient consumer response）の体系

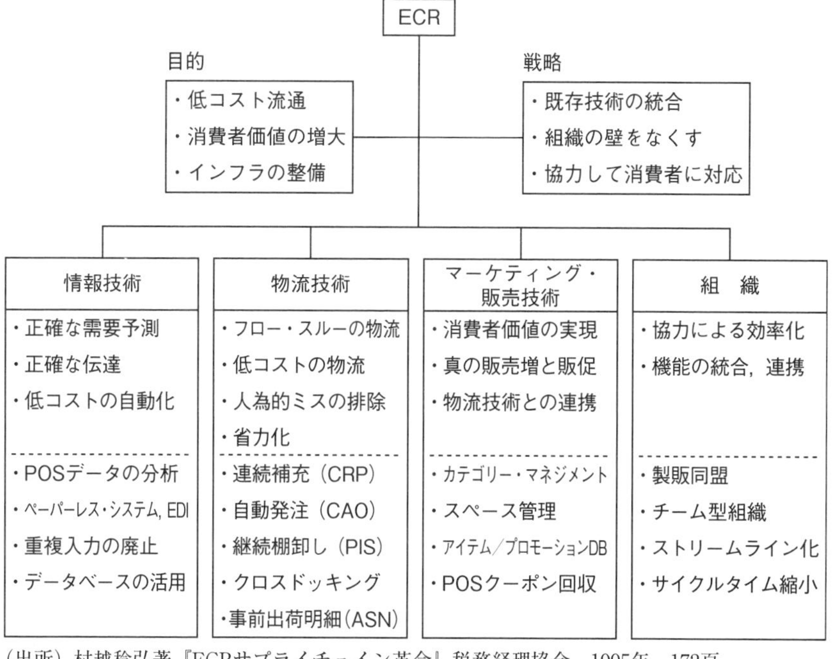

（出所）村越稔弘著『ECRサプライチェイン革命』税務経理協会，1995年，172頁。

ぼ同時期に導入され，従来からのジャスト・イン・タイム（just-in-time：JIT）物流の改善策として注目されてきた。そこで次に，アメリカ産業界におけるMDロジスティクスの取組みを「コスト訴求」と「価値訴求」の２つの側面から検討してみよう。

1. ローコスト・オペレーション

カテゴリー・マネジメントにおけるローコスト・オペレーションの追求は，バイヤーによってテーマ別に標準化された複数の生活カテゴリー商品群を，過不足なくJIT方式で店頭在庫するために，MDロジスティクス活動のリンケージを効率的に調整・統合化していくことにより具体化される。それは生活カテゴリー内での用途・機能の関連性が薄い「死に筋商品」を陳列スペースから排除し，生活シーンの充実に貢献する「売れ筋商品」の欠品による販売機会の損失を極力回避することにより，在庫・返品・廃棄コストの削減を実現していく「コスト訴求」型システムの構築を意味している。たとえば，石原靖曠氏の調査によれば（1993年），総アイテム数において同じKマートとウォルマートを比較して，Kマートが回転率の低い用途・機能商品を生活カテゴリー商品群からカットし，関連性の薄い品目数を全体として増加させているのに対して，ウォルマートは関連用途・機能ごとの品目数が24％も多く，嗜好選択的な品目は可能な限り排除してコストダウンを実現していることが指摘されている[15)]。

カテゴリーキラー主導型ローコスト・オペレーションの先駆的な試みは，ウォルマートとP&Gの製販同盟（1981年）において行われた。これは顧客情報の共有化を目的とする戦略的提携（strategic alliance）であり，ウォルマートは全店舗のPOS販売データをEDI（electronic data interchange：電子データ交換）により毎日P&Gへ伝達し，店舗別の在庫管理を独自の補充発注判定基準に沿ってP&Gに代行させている。P&Gはその販売情報を自社の生産・出荷計画への同期化や新製品開発に反映し，工場からウォルマートのディストリビューション・センター（DC：24時間稼働，自動ピッキング）を経由して，JIT方式で各店舗へ製品を自動補給している。結果として，ウォルマートは欠品による機会損失を大幅に改善し，流通過程における全在庫量も10週間分から３週間分に圧縮されたと言われており，P&Gは最終小売価格比で約10％以上のコストダウンを達成したと推計されている[16)]。

図表３－３は，1990年代の成長期におけるウォルマートのロジスティクス・システムである。同社へ商品を供給する全てのメーカーおよびベンダーは約9,000社（1989年末）あり，売上高の80％を占める約1,700社は既にEDIを採用している。そのうち約1,100社はウォルマートの人工衛星通信網を利用して本社のホストコンピュータへ接続し，残りの約600社は外部の通信VANサービスを経由してオンライン接続を行っている。衣料品，スポーツ用品，文具，玩具などは全米２カ所のスペシャリティーDC（常備在庫5,600アイテム）に一旦ストックされ，店舗別仕分けが完了した後，全米10カ所に分散立地しているリージョナルDC（常備在庫9,000アイテム）へと配送される。日用雑貨品およびハードグッズなどは供給業者から直接リージョナルDCへクロスドッキングされ，土・日曜を除く週５回（リードタイム24～40時間）供給体制で1,414のウォルマート全店舗（1990年末）へJIT納品が遂行される。DCを経由する商品は全取扱品目の約90％で売上高の85％を占めると言われており，供給業者→DC→店舗間の輸送プロセスは衛星通信を活用した全配送車（自社トレーラー：18,000台）走行位置追跡システムにより定時納品と適正配車（店舗配送の帰り荷による調達物流で空車回避・積載効率上昇）の精度向上を目指している[17)]。同社の調達拠点は，当時，世界30カ国に及んでいた。

ウォルマートは全米第１位の流通企業として君臨しており，その競争優位性は徹底したローコスト・オペレーションによる営業コストの削減に源泉がある。当時の資料によれば，ウォルマート・グループ（売上高：824億ドル，粗利益率：20.5％，営業コスト率：15.6％，店舗数：2,783店）とKマート・グループ（売上高：340億ドル，粗利益率：23.6％，営業コスト率：22.6％，店舗数：3,824店）双方の経営指標（1994年度）においても決定的な格差が歴然としている。

店頭在庫レベルでのコスト削減策として注目すべきは，ウォルマート・グループの会員制ホールセールクラブ（membership wholesale club：MWC）・サ

図表3－3　ウォルマートのロジスティクス・システム

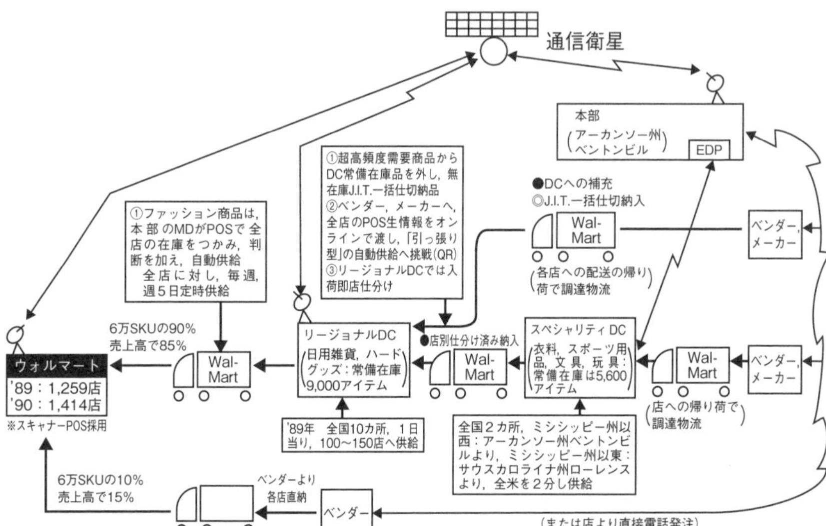

（出所）森龍雄著『ウォルマートの成長戦略：世界最強のディスカウントストア』商業界，1990年，216頁。

ムズのウェアハウス・オペレーション（倉庫販売）である。サムズもまたウォルマートの衛星通信網を利用して発注を行い，売上高の70%を占める商品を全米6カ所のDC（1993年末）を経由してJIT納品されている。そのため，バックヤードが店舗面積の10%以下で済み，大半の商品は入荷・検品から売場補充・陳列にいたる一連の作業をパレット単位のフォークリフト移動で処理され省力化が図られている。サムズはアメリカMWCの中でも，メーカーまたは産地からの一貫パレチゼーション陳列の採用率が非常に高いことで知られている。

2. 生活カテゴリーにおけるPB商品開発

一般にカテゴリーキラーと呼ばれるディスカウントストア業態は，生活の骨格形成をなす「低購買頻度の耐久消費財（冷蔵庫，洗濯機，パソコンなど）をカバーするGMS業態と，生活の循環維持をなす「高購買頻度の短サイクル消耗財（乾電池，洗剤，トイレットペーパーなど）」をカバーするドラッグストア業態との間に位置し，可変要素として新たに付け加わることで生活運営が向上するような商品構成によって店舗差別化を図っている。たとえば，OA機器を使用する生活シーンにおいて，生活者はホコリから機器を保護するための専用クリーナーや空気清浄器を必要とし，眼の疲れを癒すための目薬やアイマスク，さらにはコンピュータ関連雑誌などを必要とするだろう。それらの商品は生活維持に必要不可欠ではなく規則的な再購入が不確定であるが，変化を続けるライフスタイルの流動部分で確実に個人の生活シーンを充実させる商品群と認められる。このような生活カテゴリーを絞り込み，テーマに沿った関連用途・機能を他の小売業態よりも密にカバーすることで品揃え編成の整合性を「価値訴求」しているのがカテゴリーキラーである[18)]。

生活カテゴリーを起点とするMDロジスティクスの実践において，たとえば，先述のウォルマートはP&G，ジェネラル・エレクトリック，ラバー・メイド，ミリケンなどの大手メーカーと製販同盟を結んで店頭の顧客情報を開示し，共同開発方式で自社開発コストを削減しつつ，PB商品を含む高感度商品を低仕入原価で調達，関連用途・機能を拡大的に商品構成している。業務提携に応じたメーカーには，商品開発やコストダウンに関する蓄積されたノウハウ提供，および輸入品原価の公開などが行われており，開発されたウォルマートのPB商品は，標準店舗では「サムズ・アメリカン・チョイス」やローカル・メーカーとのタイアップによる地域限定PBが，他方，新業態店のスーパーセンターでは「グレートバリュー（約500アイテム）」が販売されている。

また，当時ウォルマートよりもさらにテーマを絞り込んだ特化型カテゴリーキラーのスポーツ・オーソリティーでは，スポーツの多様なシーンに合わせて16部門のもとに1,200カテゴリーが編成されており，MDの巧妙さと供給業者への強い統制力を背景として，たとえば，人気ブランドのナイキ製品がスポーツシューズ500スタイル（12,000足）のうち約50％，スポーツウェア類8,000アイテムのうち約40％を占めるなどの品揃えの充実さで他社を圧倒していた。アウトドアーではコールマン，ラケットスポーツではヘッドやダンロップなどの一流ブランドが充実しており，強力なバイイングパワーを背景としたスポーツ・オーソリティーと有力メーカーとの緊密な関係が魅力的な商品構成に反映されていた。

かつて70～80年代のアメリカ市場では，中南米や東南アジアの低価格商品が大量に侵入してきたため，Kマートやシアーズなどの主要な流通企業は品揃えの全般的なPB商品化で低価格を訴求し始めた。当時のPB商品開発は，流通企業サイドが製品仕様書を作成し，完全買取り制で製造企業に生産委託するOEM（original equipment manufacturing）供給が一般的で，国内NB商品との価格差と外国製品への対抗を目的として積極的に利用された。しかし，その供給先が技術水準の低い発展途上国であったため，80年代に入ってPB商品の品質の陳腐さが店舗イメージのグレードを低下させる戦略ミスを招いてしまい，価格破壊ブームに乗った単純なPB戦略は反省を迫られることになる。先述のQR，ECR運動はコスト・価格よりも価値を再認識するパラダイム転換から発生しており，流通企業をリードするカテゴリーキラーはPB戦略一辺倒からいち早く脱却し，強力なブランド・ロイヤリティーを形成している一流メーカーのNB商品と，それを補完する自社PB商品との適正比率（在庫，フェイス数など）を，生活カテゴリー商品群単位で戦略的に拡縮操作するMDロジスティクスによって，クォリティーブランド・ディスカウントへの方向転換を目指している[19)]。

EDFP（every day fair price）を指向するPB商品開発では，バイヤーが中心となって，消費財メーカーの製品開発チームや素材メーカー，さらには企画会社などを含む外部機関を組織化し，各社のコア能力を内部融合化しながら対等の立場で高感度商品を企画するネットワーク力が要求される。そこでは，既存商品の問題点やトレンド傾向，カテゴリー別商品構成におけるPB商品の位置づけや投入理由，価格設定・販促スケジュールや生産数量などが詳細に検討され，ベストソースの調達先を求めてサプライチェーンが編成されることになる。しかし，過去の教訓が物語るように，最終的に市場に投入されるブランドが

PBであるかNBであるかは二次的問題であり，バイヤーは商品特性と需要動向を勘案しながら弾力的にNB／PB比率をコーディネートする必要がある。

第4節　グローバル・ソーシング

市場即応型の流通システムが国内で整備されると，その延長線上に海外の供給業者との連動が模索されることになる。このような商品調達体制はグローバル・ソーシング（global sourcing）と呼ばれ，海外との情報ネットワーク化の進展と自国通貨高基調の持続化傾向を背景に，国内業者並みに同次元で海外業者とアクセスできる国際ロジスティクスの構築が戦略上重要な課題となる。さらに，流通企業がグローバルな出店行動を指向する段階に入ると，グローバル・ソーシングの展開は，次の８つの調達手段を駆使することによって，国内外の自社店舗内商品構成を充実させることになる。先ず，国内店舗販売に関わる調達行動は，①納入業者依存型仕入れ，②通常輸入，③PB商品開発，④開発輸入によって，他方，海外店舗販売に関わる調達行動は，⑤単純移出，⑥買付移出，⑦PB商品海外供給，⑧自在開発によって遂行され，これらの多次元にわたるサプライチェーンの操作可能性が，流通企業のグローバル化への駆動力を決定する[20)]。

流通企業がグローバルな生産機能への関与を高め，モノづくりの深化による価値訴求を追求する場合，最も高度化した形態は開発輸入と自在開発による調達行動ということになる。開発輸入は国内販売を目的として海外メーカーに委託生産させ，完全買取り制で全商品を国内に輸入するタイプである。他方，自在開発は海外で開発した商品を，国内に持ち込まないことを前提として生産し，全量を現地および第三国で販売するタイプを意味しており，出店行動がグローバル化した流通企業で採用される戦略である。

欧米の流通企業では生活カテゴリー商品群の世界最適地調達が90年代前半に実践されている。図表３－４は，アメリカ家庭雑貨小売業のピア・ワン・インポーツによる先駆的なグローバル・ソーシングである。同社は年間9,000アイ

図表3－4　ピア・ワン・インポーツ社の世界最適地調達

原産国名	代表的な商品
日本	白の陶磁器，小型ナイフ
中国	家具，ワイングラスetc.
韓国	鏡etc.
台湾	キッチン用品，プラスチック製グラス
香港	枕
フィリピン	マット，ぬいぐるみ
マレーシア	マグカップetc.
インドネシア	真鍮製品，ガーデン用品etc.
タイ	テラコッタ花びん，壷etc.
インド	シャワーカーテン，布製品etc.
バングラデシュ	ディナー食器
スリランカ	ぬいぐるみ，玩具
英国	ポプリ
イタリア	ディナー食器，椅子
チェコ	オーナメント（飾り付け小物）
スロバキア	ワイングラス
ギリシャ	オリーブオイル，はちみつ
デンマーク	キャンドル
スペイン	花びん
カナリア諸島	グラスボトル
ポーランド	オーナメント，花びん
ドイツ	キャンドル
ブラジル	テーブル，ベンチ，棚
メキシコ	グラス，ピッチャー

（出所）『日経ビジネス』日本経済新聞社，1996年12月16日号，28頁。

テムの商品を取り扱っているが，生活者の嗜好や流行の変化に極め細かく対応するために，毎年70％を新製品に入れ替える方針をとっている。その調達先は世界44カ国に及び，品質と生産コストのバランスが最も優れた国の製造企業に生産を委託している。グローバルな商品調達網からバイヤーが直接買い付けた生活カテゴリー商品群は，各国ごとに１カ所の配送拠点に集荷され，そこから世界中の自社店舗へと輸出される自在開発が運営されている。

ピア・ワンはアメリカ，カナダなどに700以上の店舗展開を行っている。日本のピア・ワン店舗では，かつてフォークなどの金属器を日本国内で調達していたが，生産コストの上昇で生産拠点を東南アジアへとシフトしており，日本のメーカーはピア・ワンの供給業者としての国際競争力を既に失いつつある。小売段階の国際化は製造・卸売段階の国際化をも余儀なくさせ，世界的な土俵の上に立たされたプロダクト・アウト発想の日本型流通システムおよび伝統的商取引慣行は，今や終息の危機に直面している状況にある。

欧米のカテゴリーキラーは，大店法の廃止やポストバブルの地価・株価下落を受けて相次いでわが国に上陸しており，強大な集客力を誇るパワーセンターの核テナントとして，「流通鎖国」のぬるま湯に浸かってきた日本の流通企業に激しい揺さぶりをかけてきた。海外での厳しい競争を通じての淘汰に生き残り，自国での成長が一服する中で，チェーン展開による日本市場への本格参入を狙っている企業も多い[21)]。これらの外資系流通企業において既に戦略的活用が進められているマーケット・イン発想の生活カテゴリー別MDロジスティクスとそのグローバルな展開は，今後も，日本の産業界に大幅な構造転換を迫るものと予想される[22)]。

■注

1）American Marketing Association, *Marketing Definitions*, 1960, p.17.

2）三浦信著『マーケティングの構造』ミネルヴァ書房，1971年，66頁。

3）D.Walters and D.White, *Retail Marketing Management*, 1987, p.95.（市川貢・来住元朗・増田大三監訳『小売マーケティング：管理と戦略』中央経済社，1992年，105頁）。

4）三浦信編『小売マーケティングの展開』千倉書房，1976年，５頁。「小売企業の中核機能はマーチャンダイジングである。それは商品企画や仕入から販売にまでいたる，小売企業の行動をシステム的に消費者需要に適合させるものであり，その狙いは消費者の生活体系をふまえ，対象とする消費者の必要と欲求に応ずる商品取揃え（アソートメント）を形成することにある。この点，小売企業のマーケティングは特定製品（群）の流通を課題とする製造企業のマーケティングと質的に異なった面をもつ。その意味で，小売企業のマーケティングはアソートメントのマーケティングであり，この差異は，消費者志向の実践に関して，少なくとも原理的には小売企業をよりすぐれた戦略的地位におくことになる」。

5）W.Alderson and M.H.Halbert, *Men, Motives, and Markets*, 1968, p.53.「ある新製品の新しさの度合いは，その製品の使用によって，どれほど大きな調整が（消費者の）慣習的な行動パターンにもたらされるかによっている」。

6）山本桐子稿「流通発想のMDとストア・アイデンティティ」ブレーン編集部編『ストア・アイデンティティ戦略：ミセはいま，何を主張するか』誠文堂新光社，1987年，108頁。

7）岩島嗣吉・山本庸幸共著『コンシューマー・レスポンス革命：情報テクノロジー時代の製販一体化戦略』ダイヤモンド社，1996年，184頁。

8）加藤直美稿「'96年コンビニ食品３大カテゴリーの売れ方，売り方大総括」『食品商業』商業界，1997年１月号，226－229頁参照。「従来のローソンでは，健康食品は加工食品の管轄で嗜好品売場の上段で販売され，錠菓はガム・キャンディーとともにエンドスペースで販売されてきたが，1996年秋から同じ売場スペースに陳列されることとなった。バイヤー・レベルでの扱いは従来の分類どうりであるが，クロスMDのコーディネートは商品企画部が行っている」。

9）西村哲著『世界的流通革命が企業を変える：QR，ECR，カテゴリー・マネジメントの衝撃』ダイヤモンド社，1996年，112頁。「伝統的にスーパーマーケットにはバイヤーがいる。バイヤーは商品を安く買って，倉庫に在庫していた。一方，マーチャンダイザーがいて，その人は商品を売る方に責任を持っていた。ところが，カテゴリー・マネジメントを行うと，仕入れと販売という行為はカテゴリー・マネージャーと呼ばれる人のもとに統合されることになる。もちろん，補充発注やペーパーワークなどのためのバイヤーはいるが，従来のバイヤーとは違う。もうバイヤーは新製品を選択するとかプラン・オー・グラム（陳列指示書）などをつくる責任を持たなくなっている」。

10）三浦信・菅原正博共著『マーチャンダイジング・マネジメント：流通企業の

マーケティング』千倉書房，1968年，7－9，110－111頁参照。

11）岩島嗣吉・山本庸幸共著，前掲書，185頁。

12）Kurt Salmon Associates, Inc., *Efficient Consumer Response : Enhancing Consumer Value in the Grocery Industry*, Food Marketing Institute, 1993.（村越稔弘監訳『ECR：流通再編のリエンジニアリング』NEC総研／アメリカン・ソフトウエア・ジャパン，1994年，14－17頁参照）。マッキンゼー・マーケティング・グループ著『消費者最優先企業の時代：マーケティング起点の企業リデザイン』プレジデント社，1994年，106－108頁参照。フード・マーケティング・インスティテュート，オピニオン・リサーチ・コーポレーション，ウィラード・ビショップ・コンサルティング，マッキンゼー・アンド・カンパニーの4社で行った調査。

13）村越稔弘著『ECRサプライチェイン革命』税務経理協会，1995年，159頁。

14）同上書，172－176頁参照。

15）石原靖曠著『新アメリカ流通業革命』商業界，1996年，180－185頁。

16）菊地康也著『最新ロジスティクス入門』税務経理協会，1996年，110－111頁参照。

17）森龍雄著『ウォルマートの成長戦略：世界最強のディスカウントストア』商業界，1990年，178－237頁参照。

18）石原靖曠著，前掲書，99－102，178－181頁参照。

19）G.Davies, *Trade Marketing Strategy*, 1993, p.125.（住谷宏・伊藤一・佐藤剛共訳『トレード・マーケティング戦略』同文舘，1996年，163頁）。「もし，小売業者がコントロールしている製品が真のブランドと見なされない場合，小売業者にとって危険なことは，NBに対してPBを強調することによってストア・イメージが低下するかも知れないということである。セインズベリーは，おそらくこの理由のために1980年代末からPBへの依存度を減少させた。シアーズ，J. C. ペニーそしてKマートは，同じ理由で，NBの販売を増加させている。この事が，小売業者がコントロールする製品の市場浸透には，限界があるという見解を導くことになった。PBの市場占有率は30％ぐらいが限界であると言われている」。

20）向山雅夫著『ピュア・グローバルへの着地』千倉書房，1996年，204頁。

21）『日経ビジネス』日本経済新聞社，1996年12月16日号，22－32頁参照。

22）谷口優・水口健次共著『チャネル・リンケージの近未来：流通大革新時代の［製・配・販］戦略』プレジデント社，1998年，158－187，208－209頁参照。

第4章

ヨーロッパにおける流通寡占形成とトレード・マーケティング

第1節　流通寡占の形成とPB商品の市場浸透

卸・小売機能を担う流通企業がチェーンストア組織を採用し始め，多店舗展開による規模の経済性を背景とする大量仕入・低価格販売によって経営の効率化を積極的に推進するようになって以来，流通産業の寡占構造化は着実に進展していった。その進行度は地域性や産業政策に左右されるものの，主要先進国の間で共通して見られるこの傾向は，流通企業の集中度が一定の水準に達するに及んで，製造企業のマーケティング活動に大きな変質をもたらし始めた。

成立期マーケティングの対象は，消費財製造企業の対市場適応行動が中心であり，消費者の需要動向を把握するための市場調査を起点として，メーカーが単独で製品開発を行い，流通支配力の強化を目指して諸活動の統合化が図られた。しかし，流通企業が巨大化し，消費者の膨大な需要情報を技術的・組織的に管理できる段階に到達すると，流通企業自ら生産機能へ影響力を及ぼすようになる。同業者との競争において流通企業が優位性を確保しうるコア能力は，マーチャンダイジング（merchandising：MD）を中核とする店舗差別化であり，メーカーに先んじて消費者の需要動向を把握しうる流通企業は，PB（private brand）商品の企画・導入により店舗レベルでの商品構成を補完・充実させる。つまり，情報ネットワーク化の進展は製品計画のイニシアチブを製造企業から流通企業へと移行させる余地を拡大させ，競争上，有効な情報を流通企業に依存せざるをえなくなったメーカーは，新たなマーケティング・パラダイムの模索を迫られることになる。

製造企業を主体とする伝統的なマーケティングの修正はヨーロッパにおいて試みられた。ヨーロッパの国々は諸外国と比べ，流通産業の寡占構造化が非常に著しいところに特徴がある。図表４－１は，食品売場における各国流通大手５社の販売シェアを比較したものであり（1991年），80%を超える過度の集中度を示す東欧諸国をはじめとして，イギリス61%，フランス49%，ドイツ37%，イタリア36%と欧州主要国では高シェアが記録されている。ちなみにアメリカは国土が広大なため20%強にとどまり，日本は大規模小売店舗法の規制によって流通革命が遅れ，５%にすぎない状況となっている[1)]。

ヨーロッパ諸国で形成された流通寡占は，生産段階に対して拮抗力（countervailing power）の積極的な行使を展開することになるが，その高度な活動領域としてPB商品開発があげられる。PB商品の市場浸透度とマーケティング・チャネルにおけるパワー構造との関連性についての研究は，A.C.ニールセン（A.C.Nielsen）やG.デービス（G.Davies）らによって行われている[2)]。図表

図表４－１　食品売場におけるヨーロッパ各国の流通大手５社の販売シェア（1991年）

（単位：%）

国名	シェア	国名	シェア
フィンランド	96	アイルランド	46
スウェーデン	94	ドイツ	37
デンマーク	88	イタリア	36
オーストリア	81	ポルトガル	26
スイス	79	スペイン	23
イギリス	61	ノルウェー	17
オランダ	59	ギリシャ	14
ベルギー	53	日本	5
フランス	49		

（資料）CIES（国際チェーンストア協会）による。
（出所）西村哲著『世界的流通革命が企業を変える：QR，ECR，カテゴリー・マネジメントの衝撃』ダイヤモンド社，1996年，7頁。

図表4－2　ヨーロッパ各国におけるチェーンストア・生協の販売シェアとPB商品の市場浸透度

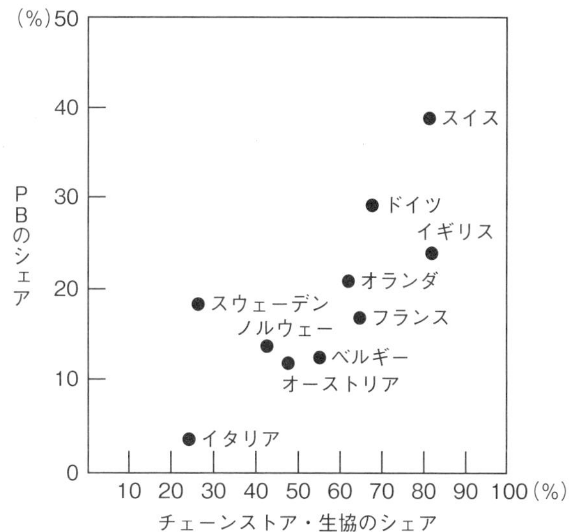

（出所）A.C.Nielsen, "Private Labels Strong but Stabilizing in Europe", *Private Label International*, June, 1988, p.8.

4－2は，ヨーロッパ各国市場における流通企業の集中度とPB浸透度との相関関係を示している。ここでは，スイス，イギリス，ドイツの3国が高い集中度を背景として20%以上のPB普及率を達成していることが注目され，2つの要因間には正の相関が存在することを一般的な傾向として読み取れる。たとえば，ヨーロッパの主要な流通企業であるマークス&スペンサー，ボディー・ショップ，エム・エフ・アイ，ザ・ギャップ，リミテッド，ネクスト，タイラック，ソック・ショップ，トロントス，ベネトンなどの店舗では，商品構成の大半がPB商品で占められている。このような市場特性をもつヨーロッパでは，製造企業によるNB（national brand）商品の販売シェアは限定され，自己の存続と成長を図るメーカーの関心は，必然的に最終消費者から顧客としての流通企業へと移行し始めた。それは流通系列化による取引業者との対立関係から，情報共有化による協調関係へとマーケティング・パラダイムが転換し始めたことをも意味している。

ヨーロッパ諸国におけるPB商品の顕著な普及現象は，主要流通企業の戦略発想が「プロダクト・アウト（product-out)」型から「マーケット・イン（market-in)」型へと変質していったことが契機となっている。R.D.ブラックウェル（R.D.Blackwell）とW.W.タラーザイク（W.W.Talarzyk）によれば，1960-70年代の流通企業の特質は，広範な商品カテゴリーに関して費用対効果志向を追求するマス・マーケット提供業者としての「供給業者」型であるのに対して，1980-90年代のそれは，標的顧客がもつ独特の生活様式を軸として，限定された品揃え範囲の充実・提供を追求する「ライフ・スタイル」型であると規定している[3)]。D.ウォルターズ（D.Walters）とD.ホワイト（D.White）は，後者を「標的市場適応型小売業（edited retailing）[4)]」と名付け，標的顧客グループの商品選択，余暇追求，メディア習慣などの生活様式に焦点を当て，差別化された小売提供物（retail offering）を編集，構成，提案していく組織能力の重要性を強調している。

「イギリスの食品産業内部において，生産および流通の集中が見られる。3つの小売企業がグロサリー製品販売額の約40%を占めていると推定されている。競争対応力と収益性をますます高めるために，アスダ，セインズベリー，テスコは各々のポジショニング戦略を開発しており，製品開発決定をこの戦略と一致するように演出しているのである。…多店舗小売企業はもはや『ブランドが付与された商品の再販売業者』ではない。小売マーケティングへの動きは自社ブランドの開発を促進した。そして，製品範囲を拡大させた小売業者として，彼らは供給業者のブランドよりも自己のブランド・マークを付けた製品を追加するようになったのである[5)]」。

標的顧客グループとの密接なコミュニケーションから導き出された市場機会をとらえ，自社の商品構成や業態展開を顧客の必要と欲求に一致させることにより，購買時点における意思決定の多くを顧客から取り除くメリット（時間節約型消費）を志向する流通企業は，小売段階において1つのブランドとして強力なアイデンティティを発揮することを目指している。「価格訴求」から「価値訴求」の競争へと移行した小売環境では，顧客が知覚し期待している差異は，「支払うお金に見合う価値」としての価格の強調（購入数量ベース）から，品質，スタイル，サービス，店舗の雰囲気などの強調（自己実現ベース）へと変質し始めており，従来は軽視され不明瞭であった諸要因に反応し，積極的な解釈を施して，自社の資源基盤に適合した標的セグメントをより正確に確定するポジショニング戦略が重視されている。1980年代のイギリスでは，既に，図表4－3のように主要流通企業が市場細分化をますます精緻化させており，競争企業が長い期間と莫大な費用を投入する以外に報復できないような強力な差別的有利性を確保している。

標的顧客の生活シーンを基準として，最適な商品構成の実現を目指す管理技法として注目されるのがカテゴリー・マネジメント（category management）である。これはアメリカで開発され，その後ヨーロッパに導入されようとしたが，大陸諸国の企業は当初その採用に慎重な態度を示し，イギリスの流通企業のみが積極的に取り組んだという事情が伝えられている[6)]。カテゴリー・マネジメントを中核とするマーチャンダイジングは，これまでの流通企業における組織構造に修正を加えることになる。チェーンストア型マーチャンダイジング・システムは，経営の大規模化・合理化を図るため，本部による集中大量仕入れと，販売機能に特化した多店舗展開を推進することにより，組織構造上，「仕入れと販売の分離」を引き起こした。この分離を起因として発生する需要と供給との乖離を排除するために，図表4－4に示されるように，在来からの仕入部門（商品部）と販売部門（マーケティング部に発展）に加えて，全ての取扱品目を顧客の生活体系を軸とした複数のカテゴリーに分類し，生活カテゴリーごとの商品構成に責任をもつカテゴリー・マネジャー（category manager）を配置するようになった。個々の生活カテゴリーは戦略事業単位（strategic business unit：SBU）として位置づけられ，カテゴリー・マネジャーは全店舗の仕入れ，品揃え，価格設定，コミュニケーションおよびPB商品開発にいたる一連の機能を統合的に管理し，同時に利益責任をも負わされることになっている。

図表4－3　グロサリー・チェーンストアの市場ポジショニング

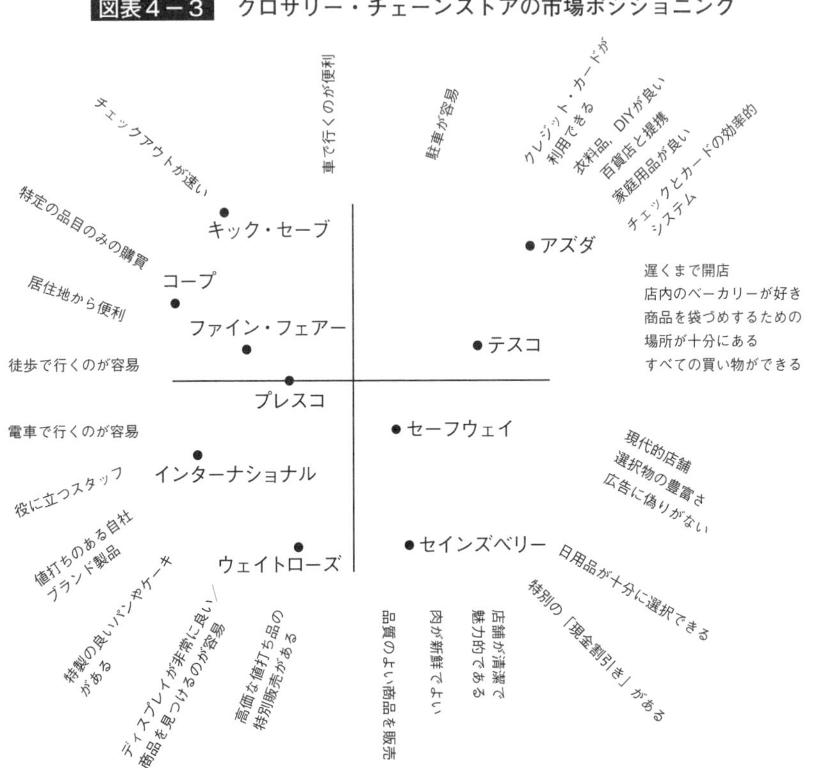

（出所）*Marketing Week*, Len Marchant Associates, February, 1985.
D. Walters and D. White, *Retail Marketing Management*, Macmillan, 1987, p.93.（市川貢・来住元朗・増田大三監訳『小売マーケティング：管理と戦略』中央経済社，1992年，103頁）。

顧客情報力，商品構成力および業態開発力の競争優位性を武器として発展する流通企業は，製造企業に対して購買力のみならず商品企画力においても拮抗力を発揮するようになってきた。生活カテゴリーにおける製品範囲の充実・補完を目指す流通企業は，既存のNB商品が消費者の潜在需要を充足していない場合，より魅力的なPB商品を開発することによって顧客忠誠度を強化する。PB戦略において提携されるOEM供給（相手先ブランドによる生産）体制では，流通企業側が企画・指示した製品仕様書に基づき，完全買取り制で膨大な数量

図表4－4 カテゴリー・マネジメントを導入した流通企業の組織構造

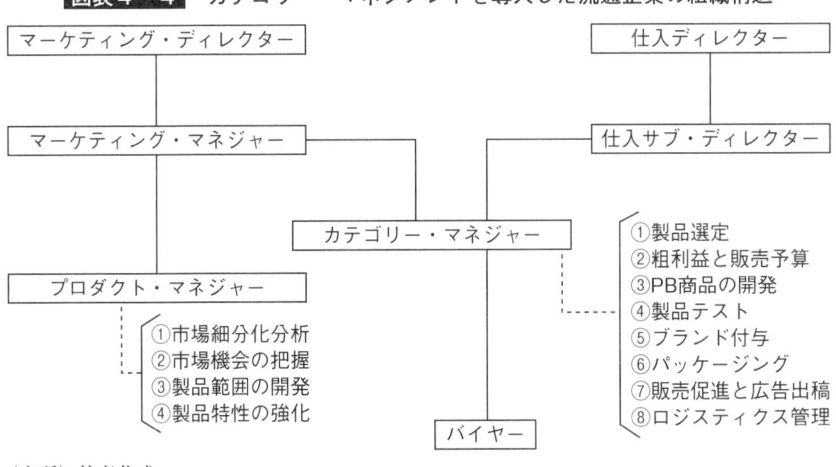

（出所）筆者作成。

の発注が行われるため，ブランド力の脆弱なメーカーは市場シェアと流通支配力を失い，伝統的な生産-流通関係が逆転することとなる。

資本主義経済の発展が流通企業の規模の拡大を招く段階に到達して，製造企業のマーケティングは「消費者志向」から「取引業者志向」へと質的に変貌した。イギリスでは製販同盟を基盤とするメーカーの行動原理として「トレード・マーケティング（trade marketing）」が台頭し，経済の新たな局面に即応したパラダイム転換が進行している。ヨーロッパにおいて，いち早くカテゴリー・マネジメントを導入した流通企業が多数存在するイギリスで，トレード・マーケティングが出現した経緯は，必然の力学と認められる点で興味深い。

第2節 サプライチェーンの構築とトレード・マーケティング組織

商品構成の差別化を商品調達の効率化に連動させるため，生産機能（製品計画）への積極的な介入を強めていく流通企業の戦略展開は，ロジスティクス・

システムの整備を重要な課題として進められる。ただし，流通企業がいかに大規模化を果たしても，異質の資本構成をもつ製造業経営に本格的に取り組むケースは稀で失敗例も多く，また，調達ルートの固定化により柔軟性のあるマーチャンダイジングが困難となるため，PB戦略の基本姿勢は，あくまでも，どこまで製品開発に関与するか，どの分野で参加するかという意思決定が焦点となる。

ロジスティクス（logistics）は，顧客サービス水準の向上に役立つ関連情報の編集に応じて，①生産工程計画に適合した原材料・部品・半製品の資材調達，②生産ロットの合理化，生産時期の適正化，製品ミックスの調整といった過剰生産や商品減価を回避するための製造支援，③複数の配送センターや店舗における在庫偏在を回避し，過不足なくジャスト・イン・タイムで商品を顧客に送り届ける物的流通の３つのシステムのコスト・パフォーマンスを最大化させる管理技法として知られている。しかし，ロジスティクス・マネジメントは，完結したシステム内部におけるオペレーショナルな次元での業務的・機能的リンケージの効率化を対象としており，流通企業のPB戦略で活用されるOEM供給体制におけるパワー構造が生み出すコンフリクトや，個別企業内部における機能最適化がチャネル・システム全体の疑似最適化を発生させる問題については，領域外として扱われる点に注意しなければならない。

ヨーロッパ主要メーカーにおけるトレード・マーケティングの相次ぐ導入は，欧州連合（EU）による単一市場の形成がもたらす環境激変が追い風となっている。従来は国境によって隔絶された市場の内部で，比較的安定した経営を維持してきた各国の流通企業は，市場統合化により同一の競争場裡に投げ出され，相互の市場を侵食し始めた。顧客忠誠の獲得と集客動員数の増大を目指して店舗差別化を図る流通各社は，低コスト・高付加価値商品のベストソースを求めて，世界最適地調達のネットワーク化を推進することになる。

消費者の必要条件に適合する品質と価格レベルをクリアできる供給先を確保するためには，それまでの取引関係の見直しや新たな調達ルートの開拓が模索され，有利なパートナーシップの選択をめぐって戦略的意思決定が行われる。

つまり，小売段階において発生した国際化は生産・卸売段階にも波及し，グローバル・ソーシング（global sourcing）への転換が進められる中で，取引停止による業績悪化および産業空洞化の危機に直面した製造企業は，流通企業が提示する高度な要求水準の取引条件を甘受して，継続的な取引関係の維持を目論むようになる。そこで展開される現象は，構造発生過程としてのシステム構築であり，ロジスティクス問題を超えたストラテジックな次元での企業間提携が主題となっている。

顧客サービス水準のさらなる向上を目指して，リーダーシップを発揮する企業が戦略的提携（strategic alliance）の推進によって外部組織を内部融合化し，生産機能の売手と小売段階に存在する買手が双方の施設と活動を結合させながら効率的なロジスティクス設計を行う管理領域は，サプライチェーン・マネジメント（supply chain management）と呼ばれている。これはカテゴリー・マネジメントの普及を受けてアメリカで広がったECR（efficient consumer response）運動を経て開発されたものであり，ロジスティクスとの質的な差異をここで明確に区別しておく必要がある。村越稔弘教授によれば，「サプライチェーンは，ロジスティクスのみではなく，取引関係を含んだ総合的なものである。ロジスティクスだけではサプライチェーンの統合はできない。ロジスティクスの主要なパラメータは取引の方法から生まれており，取引方法を変えないでロジスティクスのみを変えても大きな効果は得られない[7)]」と指摘されている。

ECRをベースとするサプライチェーンは，単品レベルでのPB商品調達ではなく，商品群レベルでの製品開発・ロジスティクス管理を指向するため，メーカーは自社の製品ミックスを供給先である流通企業のカテゴリー要求水準に適合させるかたちで取引量の拡大を狙う戦略を採用する。イギリスではアスダやテスコ，フランスではカジノ，オランダではアルベルト・ハインなどの流通大手によってチーム・カテゴリー・マネジメント（team category management）が展開されており[8)]，顧客としての取引業者を標的市場として選定した製造企業は，トレード・マーケティング戦略への転換に合わせて，組織構造の変更

図表4－5　加工食品メーカーのトレード・マーケティング組織

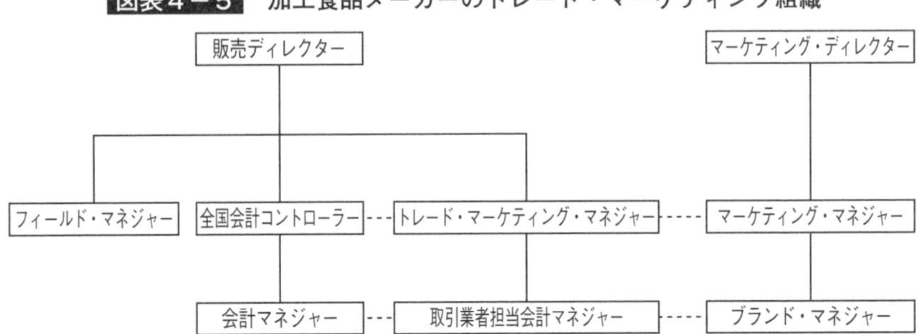

（出所）D. Walters and D. White, *Retail Marketing Management*, Macmillan, 1987, p.5.（邦訳，6頁）。

を行う必要性に迫られることになる。

図表4－5は，トレード・マーケティングを導入した加工食品メーカーの組織構造を表している。導入前には，製品または製品グループの生産数量，価格設定および広告出稿などのマーケティング諸計画を統括するマーケティング・マネジャーと，フィールドごとの販売計画を実績に応じて立案するフィールド・マネジャーとの間で活動内容の調整を行い，会計部門レベルでの原価計算および収益性が検討された上で，組織行動が運営されていた。しかし，導入後は，自社がOEM供給する取引業者またはそのグループ別にトレード・マーケティング・マネジャー（trade marketing manager）が配備され，標的とする流通企業が小売店頭レベルで展開するカテゴリー・マネジメントの実態をもとに，マーケティング・マネジャーやブランド・マネジャーの計画策定に指針を与える役割を果たしている。それゆえ，販売予測や収益性などの目標設定も，取引業者の発注数量や販売力などと連動させて算出する必要があるため，トレード・マーケティング・マネジャーには，それぞれ取引業者担当の会計マネジャーが従属させられる形態をとっている。

イギリスでトレード・マーケティングを採用している代表的な製造企業として，コカコーラ&シュウェップス社（Coca Cola and Schweppes Beverages Ltd.：CCSB）をあげることができる。同社はアメリカの多国籍企業コカコーラ社が，イギリスの加工食品および菓子メーカーであるキャドベリー社（Cadbury）との間で提携したジョイント・ベンチャー（joint venture：JV）であり，1987年の設立以来，イギリス飲食料品部門のリーディング・ブランドとして，両社の商品群の製造および流通を一手に引き受け，約6億6,000万ポンドに及ぶ1990年の売上高は，1988年の48%増というペースで推移した。

CCSB社の組織は，販売部門とマーケティング部門との間でトレード・マーケティング活動による調整が行われている。販売部門はトレーディング事業部として4つのセクションに分割されており，取引業者の営業形態に合わせてグロサリー小売店担当，卸売業者担当（キャッシュ&キャリーを含む），レジャー・サービス産業関連部門担当，酒販免許店担当の各事業部門が編成されている。他方，マーケティング部門に属するトレード・マーケティング・マネジャーは，新製品開発，ブランド・アイデンティティ，セールス・プロモーション，パブリック・リレーションズなどの諸活動を，4つのタイプの取引業者の行動特性と合致させる役割を担っており，トレーディング事業部がそれぞれの取引業者の仕入担当者と日常交渉レベルの意思決定を処理しているのと並行して，より高次の戦略的課題を製販双方の相互利益になるよう調整している。

「CCSB社は，小売企業内部における専門的な管理部門との間にリレーションシップとパートナーシップを構築することを指向した。…トレード・マーケティング・マネジャーの目的は，たとえば，ソフトドリンク部門全体の消費者需要予測ができるカテゴリー・スペシャリストとしての印象を取引業者に与えることであった。…実際，供給業者のトレード・マーケティング・マネジャーと小売業者のトレーディング・ディレクター（仕入サブ・ディレクターを指す）の役割は，お互いの利益となる製品カテゴリーの開発を目的として，双方の組織に跨って1つの非公式な組織形態を形づくることである[9)]」。より具体的な局面としてのトレード・マーケティング・マネジャーの活動領域は，カテゴリー・マネジメントに連動した製品ミックスの開発・設計，小売販売スペース増床時のカテゴリー配分決定補助および需要予測[10)]，小売バイヤーと自社の全国会計コントローラーとの価格交渉におけるコンフリクト処理または問題解決のためのフレームワーク提案などに及んでいる。

ところで，取引業者との関係においてカテゴリー・スペシャリストとしての地位を獲得・維持するためには，生活シーンの目的用途別に競合商品の代替関係を正確に把握し，カテゴリー内におけるリーディング・ブランドを継続的に供給しうる情報型組織を形成する必要がある。アメリカでD.E.シュルツ（D.E.Schultz）らを中心とする研究グループが提唱している「統合型マーケティング・コミュニケーション（integrated marketing communications：IMC）」の概念は，カテゴリー・マネジメントに対応する情報収集および発信の双方向プロセスを重視するマーケティング理論として注目に値する。そこでは，アメリカ企業の組織構造に対する３つの改革案が提示されている。①コミュニケーション最高責任者の設置，②ブランド主導型組織からマーケット主導型組織へのリストラクチャリング，③伝統的なブランド・マネジメント制の見直し[11]。

図表４－６は，IMC戦略に対応する組織構造の一例である。マーケティング・サービス&コミュニケーション部門の責任者は，一般にマーコム・マネジャー（marcom manager）と呼ばれ，顧客データ管理から広告，セールス・

図表４－６　IMC戦略に対応するメーカーの組織構造

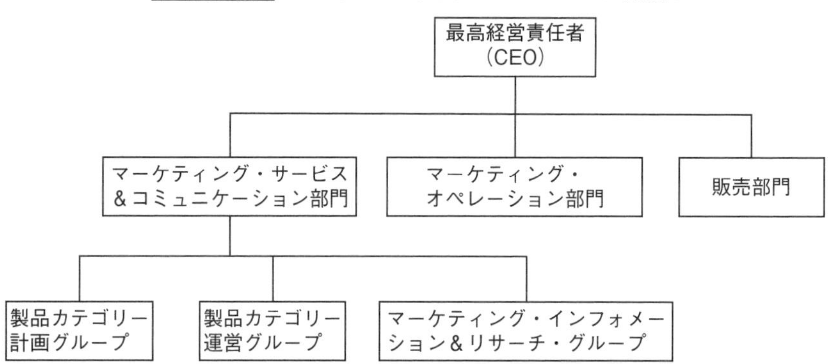

（出所）D.E.Schultz, S.I.Tannenbaum and R.F.Lauterborn, *The New Marketing Paradigm : Integrated Marketing Communications*, NTC Business Books, 1993, pp.172-173.

プロモーションなどにいたる一連の社内外コミュニケーション・プログラムを総合的に計画し，分野別に展開される種々のコミュニケーション活動を指揮・統制する。この部門は，マーケティング・マネジャーやブランド・マネジャーなどが属するマーケティング・オペレーション部門，およびフィールド・マネジャーが属する販売部門と同格に位置づけられ，相互に緊密な連携を保ちながら，実質的なマネジメント・チームとして最高経営責任者（chief executive officer：CEO）に直属する地位を与えられている。マーケティング・サービス&コミュニケーション部門は，さらに，製品カテゴリー計画グループ，製品カテゴリー運営グループ，マーケティング・インフォメーション&リサーチ・グループに分割され，消費者の購買行動と取引業者のカテゴリー・マネジメントに関する情報を，効果的な製品ミックス編成に反映させる役割を担っている。

IMC戦略が組織変更を強調する理由は，次のような問題意識から生じている。「1950年代から1970年代前半までは，ブランド・マネジメント制には殆ど問題が無かった。しかし，今日では，単品またはほんの2，3のブランドに狭く焦点を絞り込む方法や，その短期計画中心の経営体質およびミクロ経済分析の重視が，大部分の企業にとって大きな障害となっている。…ブランド・マネジメント制またはプロダクト・マネジメント制に見られる縦割りの組織構造は，1990年代におけるマーケティングの失敗例の最大の原因となっていることが明らかになってきた[12)]」。これは，消費者の使用目的に応じた製品の代替性に配慮することなく，ブランド・マネジャーがライバルメーカーの類似商品との差別化のみを追求して製品開発を行うため，市場での正確な競合関係が把握できず，異業種への需要流失（たとえば，電子レンジ用冷凍食品とファーストフード店のテイクアウト商品との競合関係など）や，製品ミックスの重複といった弊害を招いている実態を指摘している。

このような環境不適応に直面し，ブランド主導型からマーケット主導型へのリストラを迫られていた製造企業は，従来からのブランド・マネジャー制を大幅に見直す方針を打ち出すようになる。ブランド・マネジメントは，3～5年の中期的な視野で，ブランド群の運営計画および販売戦略を担当する製品カテゴリー計画グループによって方向づけられており，マーケティング・コミュニケーションを中軸とする組織改革は，イギリスのトレード・マーケティングにも波及するものと推測される[13)]。

アメリカでは既に1987年の時点で，P&G社が製品カテゴリーを39に分割し，全てのブランド・マネジャーを統括する26名のカテゴリー・マネジャーを設置しており，需要動向に応じてカテゴリー・マネジャーのもとに製造，設計，購買，流通などの各部門の代表者が共同作業を行う体制を構築している[14)]。「P&Gは，いわばメーカーを代表する存在である。そして，販売額上位の有力チェーンストア（マス・マーチャンダイザー）に販売額の多くを依存する結果をつくり出してきた。そのことが，ウォルマートとの戦略的同盟に至った基本的背景である。だが，それだけでなく，P&Gが成長する原動力となったブランド・マネジャー制が次第に変化する消費環境に合致しなくなり，組織改革の必要に迫られていたことも，戦略的同盟を提案した要因と言われている[15)]」。加工食品の分野では，特に80年代を通じて主要メーカーが相次いで買収戦略を展開し，グロサリー業態におけるカテゴリーごとの売場スペースに占める自社ブランドの構成比を上昇させる方策が重要視された。Borden（乳製品など総合食品），ConAgra（冷凍食品など），Kraft General Food（食用油ほか，冷凍食品のBirds Eye，コーヒーのMaxwell Houseなどを傘下），Nestle Beverage（コーヒーなど総合飲料），Ralston Purina（ペットフード，シリアル）などのメーカーは，P&Gと同様にブランド・マネジメントからカテゴリー・マネジメントへの転換を推進している[16)]。

イギリスを中心としたヨーロッパ諸国では，流通寡占の進行度が顕著であったため，主要メーカーの戦略はいきおいトレード・マーケティングへと移行していった。しかし，アメリカのメーカーは流通企業との間に一定の緊張関係を保ちながら，マス・マーケティングの崩壊にともなう市場環境の変化に適応するため，いわば内発的に，ブランド・マネジャー制の見直しやIMC戦略を基本とした独自の組織改革を志向していた事情が窺える。この点で，アメリカ・

メーカーは，取引業者とのパワー構造の逆転という外発的な要因によって組織変更を迫られたイギリス・メーカーとは一線を画していたと評価することができよう。

第3節　日本における製販同盟の現状と課題

わが国では，流通企業が独自のブランド名を付与して開発・販売する商品を一般にPBと総称する傾向があるが，欧米でのそれは，市場での戦略的な役割に応じてより厳密な分類がなされている。本来のPBは，製造企業のNBやLB（local brand：地域限定販売品）が品種として最初から存在していないか，または占拠率の非常に低い分野で展開される製品を指し，差別化されたポジショニングと高い付加価値が要求される。他方，NBやLBの仕様（原材料，調達先，生産工程，品質基準，荷姿など）の一部をトレード・オフすることにより，若干の改良や目新しさを加え，メーカーのシェアを侵食する目的で導入される製品はSB（store brand）と呼ばれている。さらに，NBやLBとの間に単純に価格差を追求する目的で，実質的には類似品として生産される製品はプライス・ブランド（price brand），また，同一フォーマットの小売営業形態をとる流通企業との価格競争を指向する場合に投入される製品はコンペティティブ・ブランド（competitive brand）というように分類され，戦略に応じた細かな使い分けがなされている[17)]。たとえば，アメリカではSSMチェーンのアルバートソン社（Albertsons）がストア・ブランドとして「A brand」，プライス・ブランドとして「Janet Lee」，コンペティティブ・ブランドとして「Good day」などを展開し，各々の位置づけを明確にしている。

PB商品開発の起源は意外に古く，産業革命が進行する19世紀中葉のイギリスに遡ることができる[18)]。R.オウエン（R.Owen）の空想社会主義思想とチャーチズム運動に源を発する各地の生協運動は，産業資本との対立を深めるにつれ，独自の生協商品の開発を進め，品質と価格の安定を図るため，当時の植民地であったカナダ，オーストラリア，ニュージーランド，インドなどに供給網を拡大していった。生活協同組合は，主として，食料品や日用品の供給を行い，キラーのマーマレード（Keiller's marmalade），エプスのココア（Epps'cocoa），ハドソンの粉石鹸（Hudson's soap powder）などの初期の登録商標商品を販売し，1870年以降，卸売協同組合もまた，ビスケットや靴磨き用品まで独自のブランド商品の開発に着手し始めた。イギリスにおける小売活動の重要性への関心は，貧困にあえぐ多くの労働者の生活を改善する手段としての位置づけと，ヨーロッパ大陸での政治的動乱や戦争の脅威に結びついた食料品価格の騰貴問題を背景としている。

他方，株式会社制度が普及し始めた19世紀末のアメリカでは，チェーンストア組織を採用する大規模小売企業が台頭し，膨大な仕入量の商品を安定供給するため，PB商品開発が進められた。既に1865年に，A&P社の創始者であるG.F.ギルマン（G.F.Gilman）とG.H.ハートフォード（G.H.Hartford）は25店舗を経営しており，本部による集中大量仕入体制を確立していたが，品質が不安定な商品は仕入価格変動が激しいため，価格安定化策に乗り出すようになる。当時，生活必需品であった紅茶はセイロン島およびインドから，また，コーヒーは中南米から調達されていたが価格変動率が特に高く，同社を含む主要な小売業者は産地における原材料集荷，製品加工，輸送・保管システムの整備を余儀なくされたのである。その後，アメリカでは資本主義経済の高度化が進み，産業資本の集中・集積とマス広告の発展が結合してNBが隆盛を極め，大恐慌期を除く1960年代までシェアを伸ばすことになる。しかし，70年代には再び，NBの改善と価格訴求を図るチェーンストアが，パッカー（packer）と呼ばれる製造企業と提携してSBを広範に普及させ，さらに，ディスカウントストアが台頭する80年代後半には，独自の商品構成による店舗差別化を目指して，NBやLBが着手していない分野のマーチャンダイジングを強化するようになった[19)]。

ところで，日本におけるPBの導入はかなり遅く，高度経済成長期の物価高騰問題を契機として進められた。第１号は，ダイエーが1961年に発売した「ダイエーインスタントコーヒー」とされており，以来，同社の「ブブ（1970年）」，「キャプテンクック（1972年）」，ジャスコの「Jフード（1974年）」，「ホワイトブランド（1980年）」，イトーヨーカ堂の「カットプライス（1981年）」，「百選シリーズ（1983年）」，西友の「無印良品（1981年）」，マイカルの「生活美人（1983年）」，「スーパープライス（1986年）」などが流通革命の追い風に乗り，矢継ぎ早に投入された[20)]。その後，紆余曲折を経て，PBの普及は1990年代に入って飛躍的に拡大したが，これはバブル経済の崩壊による景気後退の中で，流通企業が消費者の生活防衛・価格破壊願望と製造企業の設備稼働率低下を利用してコスト訴求行動をとった結果であり，PB商品開発による価値訴求の真価やマーチャンダイジングの首尾一貫性が問われるのはEDLP（every day low price）ブーム以後のことであろうと推測される。

転換点となったのは，1996年８月中間期に，「戦略ミス」による大幅な業績悪化を表明したダイエーの敗北宣言であった[21)]。ダイエーに代表される従来の流通革命は，流通企業が消費者ニーズを代弁してバイイングパワーで製造企業に圧力をかける「アンチ・メーカー」の立場をとってきた。ポストバブルの不況下で，安売りに執着するダイエーは失速，生活総合産業の確立に向けて夢を紡ぐ西武セゾンは過度のリゾート開発による負債で停滞，イトーヨーカ堂のみが「メーカーとの協調」を旗印に強い収益力を維持している状況となった。

ヨーカ堂が展開するPB戦略は，従来の製販同盟とは異質である。日本のPBは，通常，流通企業サイドが製品仕様書を作成し，製造企業に生産委託するのが一般的で，主として，NBとの価格差を追求する目的で利用されている。しかし，ヨーカ堂のチームMD（team merchandising）は，「顧客の必要とする商品を必要なだけ作って売る」方式を確立するために，ヨーカ堂グループと製造企業が共同開発のかたちで取り組み，価格よりも価値を訴求することに重点を置いている[22)]。

チームMD組織によるQR（quick response）システムでは，衣料品の場合，ヨーカ堂バイヤー，アパレル業者，紡績および縫製メーカーの４者が対等の立場で新製品仕様の企画を検討し，生産スケジュールの作成と各社の役割分担の明確化，および予想されるリスクに対する責任所在の明文化を行う[23)]。従来のシステムでは，バイヤーがアパレルに企画を持ち込み，アパレルはデザインを具体化して紡績および縫製メーカーの生産計画を決定する方式で運営されていた。しかし，このプロセスでは，バイヤーがPOSデータや顧客の苦情などの情報から企画した製品イメージが，伝聞形式でチャネルの中を流れるため，完成品と当初のイメージとが著しく乖離するのが常であった[24)]。

たとえば，新合繊ポロシャツは，既存のインド綿ポロシャツの市場飽和状態を伝える顧客情報をもとに買い足し需要商品として企画された。素材は汗の吸湿・発散性および洗濯時の耐久性に優れたクラボウの「アクチオ」を使用し，東海染工が染色，シキボウナシスが製造し，東京マルトが生産管理を担当した[25)]。初期生産は70%で，残りの30%は店頭POS情報の販売動向に応じて，色柄やサイズの配分を勘案しながら追加生産が行われるため，過剰在庫や機会損失は極力回避される。この商品は1992年８月に初期投入され，９月中旬に追加を決定，２週間で紡績・縫製を完了して10月の行楽需要に間に合わせることが可能となった。年間約100万枚の販売実績をもち，1994年秋から形態安定機能も付け加えられた定番商品である。他にもヒロココシノグッズ，ストレッチジーンズ，焼きたて直行便（パン），シュート（コンパクト洗剤）などがチームMDによって共同開発されており，価値訴求をベースとしたPB商品は各カテゴリー内における戦略商品として重要な地位を占めるものとなっている。

チームMDの実行は，ヨーカ堂に抜本的な業務改革と組織変更を余儀なくさせた。変更後は図表４－７のように，バイヤー（BY），ディストリビューター（DB），スーパーバイザー（SV）を対等な関係として独立させ，三権分立体制をとった。その狙いは，サプライチェーン構築のオーガナイザーとしてのBYを，外部組織との交渉に専業化させることにあった。チームミーティングにおいては，BYはメーカーや問屋などの外部組織との接触により，商品開発や仕入網の開拓などの業務を行い，DBは各店舗との間で，商品の発注数量の決定やリピートオーダーに対応し，SVは売場に対するコンサルティング業務と，店舗レベルで発生した顧客情報の本部へのフィードバックを行うとして，各機

図表4－7　チームMD組織による活動枠組み

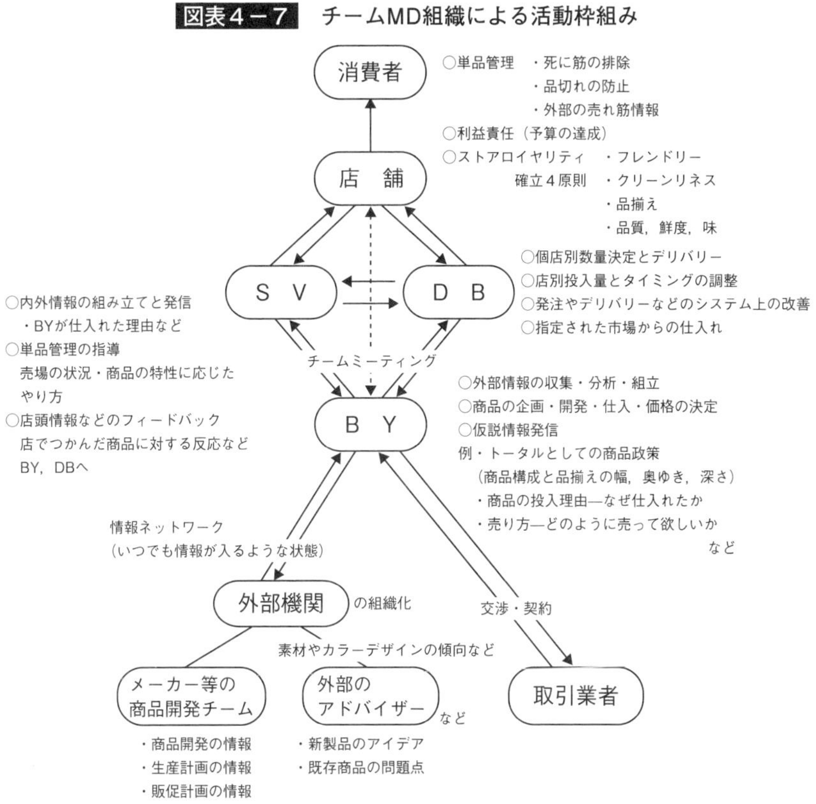

（出所）『月刊2020AIM』オフィス2020，1994年3月号，38頁。

能の明確化が配慮されている。

ヨーカ堂は競争優位のサプライチェーン構築に対応する組織構造を整え，国内での製販同盟の枠組みを超えて，さらに，グローバル化の推進に向けた多様な企業間関係の拡張を試みている。それは先ず，販販同盟による戦略的提携から始められ，ヨーカ堂がアメリカのウォルマートとヨーロッパのメトログループ（1994年）との間で締結した包括協定が注目される。これは3社の強大なバイイングパワーによる低仕入原価の商品調達力を背景として，世界的視野に立った産地，素材動向，工場の生産性および技術力などの情報を積み重ね，各社の取扱商品を継続的に買い付け合う協力体制の確立であり，ここでもヨーカ堂の「売り切る力」としてのチームMDが高く評価されている。既にヨーカ堂は1993年12月からウォルマート商品を実験的に販売し，1994年３月時点で２億円分の衣料品および雑貨などの買い付けを売り切っている。また，1995年から住関連部門の核としてメトロルートの商品を集積する「テリントンハウス」コーナーを設置，1996年９月からヨーロピアン・テイストのレディース・ファッションを補強するために「ギャレリア・ヨーロッパ」を導入した。これは「ベティ・バークレー」，「スカラビオス」，「ファッション・フォーユー」の３つのヨーロッパ直輸入ブランドで構成されており，メトログループの百貨店であるカウフホフ（Kaufhof）との共同取組みでまとめあげられたものである[26)]。

ヨーカ堂の1996年２月期における直接輸入額（原価ベース）は約275億円で，前年比10.4%増のペースで拡大している。しかし，グローバル・ソーシング（global sourcing）は，リードタイムが長く返品も不可能なため，リスクの高い活動領域でもある。それゆえ，日本の流通企業は，外国企業が日本市場に適合する製品開発を推進できる条件を整え，的確な顧客情報に裏付けされた説得力を備えておく必要がある。たとえば，ヨーロッパのワイン業界ではハーフボトルという概念は存在しないが，セブン-イレブン・ジャパンは提携先のワインメーカーにPOSデータを開示し，CVSでの消費動向が少量タイプであることを日本市場の特徴として説得，ハーフボトル・ワインの生産に踏み切らせている[27)]。このように，ヨーカ堂グループは，CVSという戦略事業単位レベルにおいて国際的なQRシステムの実験を行い，付加価値の高い商品構成の充実をグループ内の全業態に波及させる戦略を模索している。

1994年度の流通企業大手のPB販売比率は，ダイエー：13.1%（2,837億円），イトーヨーカ堂：約13%（約2,000億円：推計），ジャスコ：12%（1,370億円），西友：4.2%（413億円）という状況であり，長引く不況の下で，徐々にNBの収益構造に深刻な打撃を与えつつあった。たとえば，加工食品メーカーがPB対策の特売のために支出した販売管理費は急速な上昇傾向を示し，1990年の販管費売上高比率を100として指数化した場合，1994年にはニチレイ：130，キューピー：126，日清食品：115というペースで増大し始めた[28)]。PBの市場浸透度が拡大するにつれ，個々のブランド力およびカテゴリーのカバー率の脆弱なメーカーは売場スペースから製品を駆逐され，やがて市場からも淘汰されることになろう。

日本ではトレード・マーケティングという概念は一般的ではないが，大店法の撤廃を受けた外資参入の増大および供給ルートの海外移転により，空洞化の脅威に晒される日本の製造企業は国内外の流通企業と積極的な製販同盟を展開していく必要に迫られることが予想される。それゆえ，わが国の製造企業は，小売段階の国際化を自らのコア能力を発揮するグローバルな成長機会として認識し，チーム・カテゴリー・マネジメントを中核とする戦略的なパートナーシップにより，精度の高いPB戦略を推進しなければ存続自体が危ぶまれることになる。ヨーカ堂の取り組みは，日本における本格的な製販同盟の萌芽であったと評価でき，メーカーの行動原理は，有力な流通企業のニーズに対応しうるトレード・マーケティングによる顧客志向へと方向転換する必要に迫られている。

■注

1）西村哲著『世界的流通革命が企業を変える：QR，ECR，カテゴリー・マネジメントの衝撃』ダイヤモンド社，1996年，12－13頁。「アメリカの場合，たとえばニューヨーク郊外やシカゴ郊外，ヒューストン，ダラス，ロサンゼルスやサンフランシスコなどの大きな主要マーケットに行くと，大手5社のスーパーがその7割，8割のシェアを持っている。全国規模で見ると，ヨーロッパほど大きなシェアを取ってはいないけれども，それぞれの地域では大手が高いシェアを握っている。…フルライン（総合）のディスカウントストア業界では，ウォルマートとKマートとターゲットの3社だけでマーケット・シェアは7割を超えている」。日本では大店法の売場面積規制を受けないCVS業態のみが，高度の大手集中を形成している。

2）A.C.Nielsen, Private Labels Strong but Stabilizing in Europe, *Private Label International*, June, 1988. G.Davies, Marketing to Retailers : A Battle for Distribution, *Long Range Planning*, Vol.23, No.6, 1990.

3）R.D.Blackwell and W.W.Talarzyk, Life-style Retailing : Competitive Strategies for the 1980s, *Journal of Retailing*, Vol.59, No.4, 1983, pp.7-28.

4）D.Walters and D.White, *Retail Marketing Management*, Macmillan, 1987, p.95.（市川貢・来住元朗・増田大三監訳『小売マーケティング：管理と戦略』中央経済社，1992年，105頁）。

5）*ibid.*, pp.3-4.（邦訳，4－5頁）。「小売業者は何年間も供給業者のナショナル・ブランドを再販売してきた。イギリスにおける再販売価格維持の撤廃は，小売段階での競争にディスカウントを追加させた。成長期においては（地域的拡大と多店舗小売業の支店網の拡大があったために），ディスカウントというやり方で十分に対応できたのであるが，多店舗小売業の成長が横這い状態になるにつれ，マーケティングが要請され，顧客志向を確立することが必要になったのである」。

6）三浦信稿「書評：Enrico Colla, *La Grande Distribuzione in Europa*」『経済経営論叢』京都産業大学，第31巻第2号，1996年，83頁参照。

7）村越稔弘著『ECRサプライチェイン革命』税務経理協会，1996年，162頁。

8）E.Colla, *La Grande Distribuzione in Europa*, Etas Libri, 1995, p.222.（三浦信訳『ヨーロッパの大規模流通業：国際的成長の戦略と展望』ミネルヴァ書房，2004年，283頁）。

9）G.Davies, *Trade Marketing Strategy*, Paul Chapman, 1993, pp.201-202.（住谷宏・伊藤一・佐藤剛共訳『トレード・マーケティング戦略』同文舘出版，1996年，277－288頁）。

10）*ibid.*, pp.201-202.（邦訳，277－288頁）。「小売企業における販売スペース配分の業務がより中央集権化され，小売本社が各店舗のプラノグラム（棚割り）問題からくるスペース配分を統制するようになるにつれ，その役割（トレード・マーケティング・マネジメントを指す）は発展していった。各小売企業の内部では，多くのトレーディング・ディレクターがそれぞれの店舗の限られた陳列スペースをめぐって競争していた。相対的なスペース配分の意思決定は，複数の製品カテゴリーの相対的な収益性の評価によって判断されるが，陳列スペースが大幅に増床した場合，この方法はカテゴリーの成長性を正当に評価するものではなかった。トレード・マーケティング・マネジャーの役割は，当該カテゴリーのスペース配分が増床される際に助言を与えることによって，交渉相手を補助することにあった。もしこれが成功した時には，その役割は，CCSB社の製品群に割り当てられる陳列スペースを最大化させる最善の結果をもたらした」。カテゴリーのスペシャリストとして，そのノウハウが評価された製造企業は，比較的長期間にわたる安定的な取引関係を大規模流通企業との間で取り結ぶことが可能となる。したがって，トレード・マーケティングの一層の深化は，メーカーの製品計画にカテゴリー・マネジメントを採用させる契機となった。

11）D.E.Schultz, S.I.Tannenbaum and R.F.Lauterborn, *The New Paradigm : Integrated Marketing Communications*, NTC Business Books, 1993, p.165.（有賀勝訳，電通IMCプロジェクトチーム監修『広告革命：米国に吹き荒れるIMC旋風』電通，1994年，211頁）。

12）*ibid.*, p.163.（邦訳，208－209頁）。

13）イギリスでは既に，IMC戦略に関する以下のような文献が出版されている。T.Brannan, *A Practical Guide to Integrated Marketing Communications*, Kogan Page, 1995.

14）鈴木豊著『P&Gのバリュー・マーケティング』オーエス出版社，1996年，64－65頁。

15）同上書，64頁。

16）根本重之著『プライベート・ブランド：NBとPBの競争戦略』中央経済社，1995年，135－140頁。

17）PB商品の呼称は，これら以外にもディーラーズ・ブランド（dealers brand），ハウス・ブランド（house brand），マイナー・ブランド（minor brand），アンアドバタイズド・ブランド（unadvertised brand），リセラーズ・ブランド（resellers brand），ディストリビューター・ブランド（distributor brand），コントロールド・ブランド（controlled brand）などが存在する。

18) M.Purvis,Co-operative retailing in Britain,in J.Benson and G.Shaw ed., *The Evolution of Retail Systems,c.1800-1914*, Leicester University Press, 1992, pp.109-110, 113, 123-129.（前田重朗・辰馬信男・薄井和夫・木立真直共訳『小売システムの歴史的発展：1800年～1914年のイギリス，ドイツ，カナダにおける小売業のダイナミズム』中央大学出版部，1996年，168－170，176－177，193－203頁参照)。「協同組合運動を通しての自助は，19世紀初頭までに，特定地域の食料品供給問題を解決する手段と見做されるようになっていた。この原則はその後ますます普及し，さらに労働者の経済的，政治的立場を全体として改善する運動を支持するものとなっていった。1820年代から1840年代までの協同組合運動の盛衰は，オーエン主義的社会主義者やチャーチストたちの救済綱領との関連を反映していた。…協同組合による小売活動は，工業や農業生産の分野での労働者の雇用というより大きな計画を実行するために，そして最終的には，共産社会への発展を確立するための資金を調達する１つの手段と見做されていた。このような綱領は先ずオーエン主義的社会主義者によって提唱されたが，後にチャーチストたちの一部分によって共鳴されることになった」。

19) 渥美俊一稿「チェーンストアにふさわしいPB，SB開発に取り組め」『販売革新』商業界，1996年11月号，46－51頁参照。

20) 林薫稿「大手５社PBの実態と戦いの記録」『販売革新』商業界，1996年11月号，57－63頁参照。

21)「日本経済新聞」1996年９月12日付および1997年４月２日付。なお，ダイエーグループの業績悪化は，倉庫型の低価格業態「ハイパーマート」が日本の消費者に受け入れられなかったことが原因の１つとされている。

22)『日経ビジネス』日経BP社，1996年９月30日号，23－25頁参照。

23) 国友隆一著『ヨーカ堂グループのバイヤーズ・マニュアル』ぱる出版，1994年，232－234頁参照。「イトーヨーカ堂のバイヤーは，販売に責任を持っているから，チームで決めた販売数量や売り方に責任を持つ。メーカーであれば試作品生産や追加生産が予定より遅れないようにする。企画会社が色やデザインを提案して外れた場合，どれだけ責任を負うのか。卸なら未納遅納が生じた場合のペナルティをどんな形で支払うか。お互いが対等の立場でチームに参加し，責任とリスク分担を明確にしてこそ，本当にベストを尽くすことができる」。

24)『日経情報ストラテジー』日経BP社，1993年９月号，40－42頁参照。

25) 木下安司著『ヨーカ堂グループの物流マニュアル』ぱる出版，1996年，112頁参照。

26)『販売革新』商業界，1996年９月号，66－68頁参照。

27)「日本経済新聞」1996年８月30日付。提携による商品調達には失敗のケースも発生している。たとえば，ヨーカ堂がウォルマートから買い付けたプラスチック製食器は，低価格であるにもかかわらず色が派手過ぎて敬遠され，また，容量の多い贈答用ビスケットの売上げも芳しくなかったことから，価格だけでは日本の消費者は動かないことが確認された。

28)『日経ビジネス』日経BP社，1995年５月22日号，20－29頁参照。

第5章

統合型マーケティング・コミュニケーション（IMC）によるブランド構築

第1節　マーケティング・コミュニケーションとは

伝統的なマーケティング論では，販売促進に関わる諸活動をプロモーション戦略という枠組みでとらえてきたが，IT革命によるインターネットの普及以来，双方向型のコミュニケーション戦略という，より広範な枠組みからアプローチする視点が重要となっている。ラテン語に語源を遡れば，元来，promotionは「前に進めること」を，communicationは「共有すること」を意味している。前者は主体からの一方通行的な情報発信を，後者は主体と他者との情報の共有確立を目指しているという点で明白な相違がある。

M.W.デロジャー（M.W.Delozier）によれば，マーケティング・コミュニケーションは，⑴特定の標的市場内に「期待された一連の反応」を喚起する意図をもって，標的市場に向けて統合化された一連の刺激を表現するプロセスとされ，また，⑵それは現在の会社のメッセージを修正し，新しいコミュニケーション機会を認識するという目的のために，市場からのメッセージを受信し，解釈し，そして適応行動をとるための複数のチャネルを構築することであると規定されている[1)]。

コミュニケーションを成立させるための条件は，送り手と受け手が同じコミュニケーション・システムを共有していることが前提となる。その概念は図

図表5―1 コミュニケーション・システムの概念図

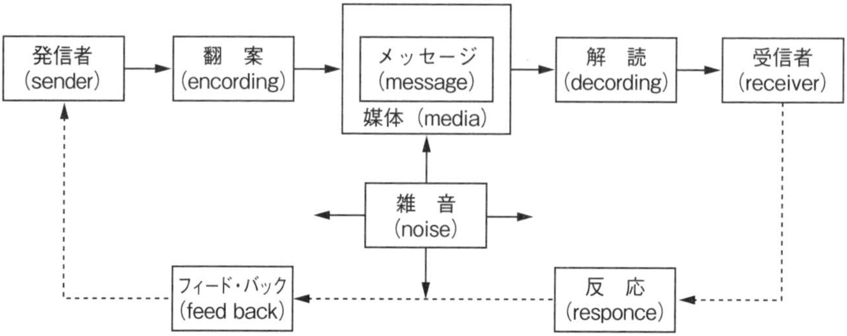

（出所）P.Kotler, *Marketing Management*, 8th ed., Prentice-Hall, 1994, p.597.

表5－1のように示される。情報の送り手は伝達すべき目的・観念・意図・欲求をメッセージにコード変換し（encording），文字・音声・映像などの記号をチャネルを通じて受け手に伝達する。受け手はメッセージを解読しその意味を引き出すが（decording），意味はメッセージの中には無く，メッセージを利用する人の中に存在している[2)]。つまり，意味を不充分にしか表現できない記号だけが伝達されることになり，受け手の意味づけおよび解釈は，送り手によって意図された期待どうり反応されるとは限らない。したがって，企業のマーケティング・コミュニケーションは，標的市場の反応を効果的に誘導し，かつ，無駄な費用と活動を排除するために，フィードバック情報を計画策定に反映させる修正プロセスをも内包させておかなければならない。

コミュニケーション戦略の目的は，標的顧客の意識を修正し，態度変容を導き出すための有効な手段の開発にある。流通企業は顧客に好ましいストア・イメージを抱かせ，来店を説得し，購買決定に影響を与える効果的な情報伝達を実施しなければ，他社との競争優位性を確保することが困難となる。その意味で，コミュニケーション活動はマーケティング・ミックスの中で重要な地位を占めており，コミュニケーション成立の度合いは，他の全てのマーケティング機能遂行の成否に決定的な影響を及ぼすという因果関係を充分認識しておく必要がある。

わが国において，企業の販売促進に関わる諸活動の認識枠組みが，プロモーション戦略という一方向的な把握から，コミュニケーション戦略という双方向的な把握へと移行していった時期は，経済のライフサイクル局面が，成長期から成熟期へと変遷していく1980年代後半に対応しているものと推測される。その転換期は，消費者の生活文化度の様相が，生活安定型から生活エンジョイ型および生活感性型へと二極分化を起こす時期に相当しており，それに呼応した企業の対応も，均質市場への量的拡大から，異質市場への個別対応へと変質せざるを得ない状況に迫られていたのである。

物質的な均質さを追求した成長の歯車が回り続けた挙句に，追求すべき目標を見失った社会は価値の空洞化に陥り，余暇文明という繁栄のただ中で，消費者は空虚感や退屈さをまぎらわせるための対象を落ち着きなく探し求めている有様である。このような社会不適応に直面している消費者の問題意識を解釈し，潜在的な欲望を顕在的な財・サービスの形に変換し，１つの暫定的な解決策として提案していくために，企業は情報のベクトルを発信・訴求中心の戦略から，受信・読解重視の戦略へと方向転換する必要があった。低迷する経済環境のもとで，消費者の社会不適応を自社の成長への機会としてとらえ，売上高の増大へとつなげていく技法を，マーケティング・コミュニケーションという考え方に沿って開発していくことが，経営上，不可欠の要件として認識されるようになるのである。

第2節　流通企業のコミュニケーション・ミックス

P.コトラー（P.Kotler）は，伝統的なマーケティング論における販売促進戦略のことをコミュニケーション戦略と呼び，製品に関するあらゆる情報をデザインし伝達するコミュニケーションの達成自体が，プロモーション効果であると考えた。そのためのコミュニケーション・ツールについて，広義と狭義の２

つの見解を提示している。「広義に把握すれば，４P（製品・価格・販売経路・販売促進）の全てがコミュニケーション・ミックスに属するということができる。たとえば，パッケージの色やデザイン，あるいは価格といったものは全てコミュニケーションのツールと言える。他方，狭義に把握すれば，コミュニケーション・ミックスは，基本的に情報伝達としての性格をもつツールから構成される。つまり４Pの１つ，販売促進に通常分類されるものであり，広告，パッケージ，セールス・プレゼンテーション，POPディスプレイ，カタログ，商品説明フィルム，そして懸賞，トレーディング・スタンプ，プレミアムなどのインセンティブ手段が含まれる[3)]」。ここでコトラーは，狭義のツールをコミュニケーション戦略の主要な手段と考え，次の５つのカテゴリーに分類し，定義づけを行っている。

【１】マス広告：新聞・雑誌広告，テレビ・ラジオ広告，屋外・交通広告，ポスターおよびAVマテリアルなど，有料の媒体を使ってスポンサー（企業）名を明示して行うアイデア，製品，サービスの非人的提示とプロモーションであり，顧客に長期的なイメージとしてのブランド・エクイティ（brand equity）を訴求・形成していく場合に有効な手段となる。

【２】セールス・プロモーション：製品やサービスの購買を喚起するための短期的インセンティブを指し，３つに分類される。第一は見本，クーポン，値引き，プレミアム，懸賞，トレーディング・スタンプ，デモンストレーションなどの消費者プロモーション。第二は値引きや低利融資，共同広告などの業者プロモーション，第三はボーナスやコンテストなどのセールスマン・プロモーションである。

【３】パブリック・リレーションズおよびパブリシティ：新聞や雑誌などにニュースとして取り扱われたり，無料でテレビやラジオで好意的なプレゼンテーションを受けるといった方法による製品やサービスの非人的な需要喚起で，これはマス広告よりも，企業や製品を劇的に表現する力をもっている。具体的には，報道関係への資料提供，セミナー，慈善事業

への寄付，会社公報，スポンサーシップ，地域社会への貢献などが含まれる。

【4】販売員活動：顧客との直接的な会話を通じて行うプレゼンテーションで，フィールド・セールスマンによる訪問，小売店員の接客・カウンセリング，サンプル試供や品評会，あるいは取扱業者への経営支援業務といった活動が含まれる。その目的は，製品認知度の向上，興味・関心の喚起，製品選好の開発，価格や他の取引条件の交渉，取引の締結，取引後の接触などさまざまである。

【5】ダイレクト・マーケティング：郵便，電話，パソコンなど，非人的な接触手段を用いて特定顧客の注文を引き出す販売方法であり，カタログ販売，ダイレクト・メール，テレ・マーケティング，インターネット販売，テレビ・ショッピングなどが含まれる。

ところで，コトラーのコミュニケーション戦略におけるツール分類で注意すべきは，それが製造企業のマーケティングをベースとした一般的な分類であり，そのままでは流通企業の行動体系に合致しないという問題を含んでいる点である。たとえば，製造企業のコミュニケーション・ミックスは，マス広告を利用した製品差別化の強調に軸が置かれているのに対し，流通企業のそれは，商品プレゼンテーションや品揃え，および接客技術などによる店舗差別化が目的であるため，その重要ポイントに沿って，店舗を軸とした新しい分類基準が設定されるべきである[4)]。それゆえ，ここではコミュニケーションの方向を店舗の内と外に大きく分け，アウトサイド・コミュニケーションとインサイド・コミュニケーションの２つの基準でツール分類を行った場合について検討する。

図表５－２は，流通企業のコミュニケーション活動体系を表したものである。アウトサイド・コミュニケーションは，店舗の顧客吸引力を高めるための集客促進対応と，来店顧客に購買喚起を訴求していくための購買促進対応とで構成されている。他方，インサイド・コミュニケーションは，企業目標の達成に向けて社員のモチベーションを高めていくための社内インセンティブ促進対応を

図表5－2　コミュニケーション活動体系

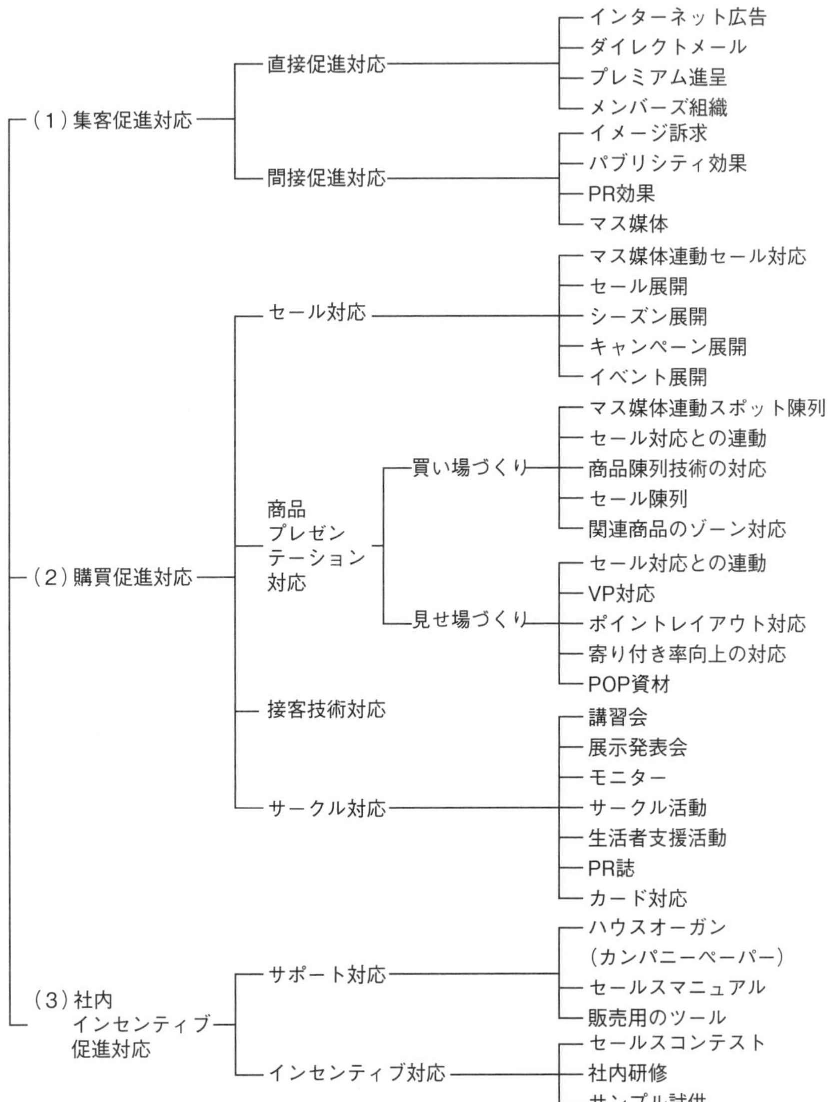

（出所）福田ひろひで著『ディスプレイの全てがわかる本』チャネラー出版，1994年，133頁の図に加筆した。

意味している。

【１】集客促進対応：これには直接・間接の両アプローチが考えられる。直接促進対応は，顧客の必要や欲求に応じた関連情報をインターネット，ケータイメール，ダイレクトメールで送り，プレミアム進呈などの形で愛顧を確立するような，本人に直接影響を及ぼす手法である。間接促進対応は，企業や店舗に対する顧客イメージ形成を図るものであり，信頼性や好印象を与えるためのイメージ広告やパブリシティ効果によって，間接的に集客力を高めていく手法である。

【２】購買促進対応：第一はセール対応であり，商品をテーマやストーリー仕立てで演出する技術を指す。セール展開やシーズン展開などはマス広告との連動を考慮して，売場づくりを仕掛けていく必要がある。第二は商品プレゼンテーション対応であり，先述の演出テーマをベースとした買場づくりおよび売場づくりを指す。前者は単品レベルでの商品提案，後者は売場全体またはコーナー全体としての提案を企画する技法であり，効果的で目的性のある訴求が要求される。第三は接客技術対応であり，顧客の買物援助を目指して要望を分析し，豊富な商品知識とコーディネート・アドバイスで雰囲気を演出，興味を欲望にまで高めて満足感のある購買決定へと導く接客シナリオの実践を指す。また，接客時の情報をもとに顧客プロフィールを作成し，次回の来店促進に結びつけていくための情報源としても，販売員の活動は重要な役割を担っている。第四はサークル対応であり，直接的には商品購買につながる機会は少ないものの，講習会やサークル活動を通じて，地域社会にライフスタイルの提案や消費意識の変化を浸透させていくことは，将来の市場機会を準備するという意味で有効な手段と言える。

【３】社内インセンティブ促進対応：これは企業目標に向けて，社員の自覚とモラールを高めるために内部情報の伝達を徹底化させる手法である。１つは，ハウスオーガンやセールスマニュアルによるサポート対応。も

う１つは，セールスコンテストや社内研修によるインセンティブ対応である。

流通企業が顧客と良好なコミュニケーションを保つためには，伝達したいメッセージを継続的・計画的に発信し続けなければならないが，そのためのコミュニケーション計画の策定は，全社的な市場戦略に基づくコミュニケーション戦略の枠内で展開される必要がある。それは言い換えれば，その企業が属している市場および業態，標的としている市場セグメント，ストア・ポジショニング，自社の経営資源，そして基本的なマーケティング・ミックスなどについて，コミュニケーションのプランニング部門は充分把握していることが要請されているのである。

第３節　店舗差別化とコミュニケーション戦略

「小売業者が成功するには，買物客の心の中に描かれる店の姿と合致する，ある特定のしかも筋の通ったパッケージに呼応し得る，顧客セグメントを明確につかまねばならない。買物客の抱くイメージは，実際のイメージではなくむしろ，理想のイメージであるかも知れないが，このイメージに応えることが可能性として有利ならば，その小売業者にとって１つの機会が与えられることになる[5)]」。

店舗差別化による競争優位性の追求で重要となる技法としてビジュアル・マーチャンダイジング（visual merchandising：VMD）をあげることができる。これは「売場における総合的視覚演出体系[6)]」と定義される幅広いリテールアーツ（商業技術）であり，標的顧客との関連で生じる市場機会に応えて，適正な品揃え計画と効果的な商品ディスプレイとを調整する概念を指す。

VMDは３つの基本的な課題を担っている。第一は，競争環境内における店舗の市場ポジショニング・ステートメントを強化すること。第二は，顧客に商品への興味を引き起こさせ，購買意欲を刺激すること。第三は，提示された全体のメッセージが顧客の期待と適合するのを確実にすることによって，全体のマーチャンダイジングと顧客コミュニケーション活動とを調整することである[7)]。コミュニケーション計画策定の際，VMDが要求することは，他の諸活動との連動であり，商品構成・価格設定・売場構成とコミュニケーション・ミックスとの間で，一貫した演出テーマが維持されているかどうかが問題とされる。それは店舗のイメージや雰囲気を明確にデザインし，そのテーマに沿って，マス広告から店舗の外観へ，また店内レイアウトや商品ディスプレイへ，さらにはアフターサービスのような事後的な活動にいたるまで，メッセージの首尾一貫性を延長する作業であり，消費者のブランド意識の高揚にともない，ますます重要視されるべき要件となってきている。たとえば，ベネトン社の場合，次のような統一的イメージ訴求により，消費者の購買行動の誘導に成功している[8)]。

〔需要の動向〕：(1)良識的ルックの確立，(2)社会の「思春期」化，(3)コスモポリタニズムと国際的な友愛の理想，(4)個性の表現手段としての色，(5)強い個性をもった中級カジュアルの追求，(6)都市の景観の中で目立ち，近づきやすい基準点の必要。

〔供給の戦略〕：(1)革新性（色）と伝統（形）の統合，(2)価格を抑えたちょっと変わったカジュアル，(3)小規模で差別化された販売拠点，(4)事業活動の増幅装置としての制限付きチェーン展開，(5)強いブランドの内部で継続する革新の哲学，(6)グローバルな戦略（世界中で同一のフォーマットおよび広告）と網の目状に広がった戦略（恒常的で安定した「家族的」な存在感），(7)国際主義，インフォーマル性，「若々しい」フレッシュさを伝えながら，ブランド名に全てを結集したアイデンティティ広告。

ベネトン社は自社を取り巻く需要の動向と，それに対する供給の戦略とをこのように明確に規定し，両者が一致する局面において標的顧客の態度変容および購買行動が発現すると認識している。

店舗差別化を目指すコミュニケーション計画の策定は，プロモーション・スケジュールの展開に沿ったビジュアル・プレゼンテーション（visual presentation：VP）の演出によって具体化される。VPはVMD概念に基づく表現形式であり，次の５つのステップを経てパターン化される[9)]。ここではファッション専門店の場合を検討して見よう。

【1】演出ターゲットの明確化：店舗のターゲットを基準に，具体的にどのようなタイプの顧客に，どういった商品を，どのような提案の仕方で販売していくかを明確に絞り込んでいくことであり，標的顧客にとって以前より魅力的な市場ポジションと，防衛的見地からより一層競争力の強いポジションへ，座標軸を変更していくプロセスを意味している。

【2】演出テーマの決定：演出テーマは，顧客の生活場面から発生する問題や購買動機に解答を与えるものでなくてはならず，そのためのアプローチの基準として，レベル，感覚，オケージョン，トレンド，シーズンイベントの５つの側面をあげることができる。たとえば，キャラクター・ショップであれば，レベル，感覚，トレンド面からアプローチしていき，上品なミッシー・ショップであれば，オケージョン面からアプローチしていくという形で，演出テーマを模索し，明確にしていくプロセスである。

【3】展開ストーリーの設定：店舗が提案する演出テーマは，ストーリー展開でビジュアルに表現するのが効果的である。テーマの中心となるシーズン性やファッション・トレンドなどは，社会行事を基準として，そこから派生するイベント活動に関連づけて具体的に表現することによってストーリー性を帯び，標的顧客に受け入れられやすい形に加工される。その際，現在注目されている街の話題性や地域性，また，他店の動向なども展開ストーリーに充分反映させなければならない。

【4】打ち出し商品とスペースの決定：展開ストーリーに合致する打ち出し商品と，それらを演出するスペースを決定する場合，その演出は着こな

し提案が基本となるため，主力商品とそれらのコーディネート関連商品とに分けて選択した上で，空間演出を構成する必要がある。

【5】展開ストーリーの決定：以上のようなステップを経て，展開ストーリーは具体化されることになる。図表５－３はカジュアル系ブティックにおける展開ストーリーの一例である。ここでは，各月のスタイリング・テーマに沿って，その着こなしを提案できる注目ファッションブランドを選定し，魅力度を高めるスタイリング・ポイントを要約することにより，打ち出しアイテムの絞り込みを行っている。これは展開ストーリーの核となるコンセプトであり，その方針に合わせて具体的な販売促進活

図表５―３　カジュアル系ブティックにおける展開ストーリーのケース（２月）

スタイリング・テーマ
「モノトーンリセ」
注目DCブランド　サブストリート
アトリエ・サブ
スタイリング・ポイント
リセ・ファッションをベースに，上品さと可愛らしさをミックスしたモノトーンでのコーディネート。長めのスカート丈で，新鮮なイメージをアピール。
↓
打出しアイテム
1）ジャケット＋ブラウス＋プリーツスカート
2）ジャケット＋ポロニット＋プリーツスカート
↓
プロモーション・テーマ
「リセエンヌの新しいおしゃれ発見」
VPポイント
スクール・ファッションをベースに，ステーショナリー，バッグなどの小道具をフルに活用。
オケージョン提案が，ビジュアルに訴求できるよう，シンプルなディスプレイの中にも，ムードを盛り上げる。

小物・アクセサリー・ポイント
ソックス，ベルトを基本に，その他のアクセサリーはさける。
シンプルなコーディネートと，モノトーンのカラーコントロールで，ムードアップを図る。
その他，バッグ，靴のコーディネートは重要なポイント。
ヘア＆メイク
〈ヘアスタイル〉
ナチュラルなストレートボブが新鮮。その他，ロングの場合は，三ツ編みでキュートにまとめることもイメージアップに。
〈メ　イ　ク〉
基本的には，ノーメイク，ピンク系のリップをつける程度が可愛い。
FAポイント（接客）
スカート丈とジャケット丈とのバランスを整えて，コーディネート提案を強く訴求。
単品アイテムのコーディネート・バリエーションで，着こなしの楽しさを伝える。

（出所）菅原正博・本山光子著『ショップ・マスター』ファッション教育社，1993年，105頁。

動に連動していけるキーワードとしてのプロモーション・テーマを決定する。売場では，プロモーション・テーマを立体的に表現するためのVPポイントを明確化し，減り張りの効いた商品プレゼンテーションに生かしていく。そして，ファッション・アドバイザー（FA）としての販売員は，これらのテーマに基づき顧客に合ったスタイリングを提案し，小物やアクセサリーをコーディネート，さらにはヘアースタイルやメイクについてもアドバイスを行い，着こなしの楽しさを積極的にアピールしていくのである。

各月の演出テーマと展開ストーリーの設定に際して，主要な情報源となるのは，店舗がターゲットにしている客層にマッチしたファッション雑誌であり，たとえば，ティーンズからヤング層に属し，おしゃれに敏感で活動的な女子学生が標的であれば『Popteen』・『nicola』・『Sweet』誌を，また，アダルトなキャリア・ウーマンで，ファッション感度の高い層が標的であれば『FIGARO』・『VOGUE』・『Oggi』誌をベースにして，顧客のテイスト，着こなし，掲載ブランドなどを分析するのが有効である。

たとえば，ヤング&キャリアブランド層を標的顧客とする場合，ブランド・マトリックスは図表５－４のように示すことができる。これは４つの価値観軸を基準として浮かび上がるファッションブランドと店舗特性についてグルーピングしたものであり，縦軸はモードとベーシックの両極に，横軸はエレガントとカジュアルの両極に分かれた女性の感性・生き方表現を相対化している。このブランド・マトリックスによって示唆されることは，ヤング&キャリアブランド・マーケットにおける各デザイナーのスタイリング・コンセプトが，およそ７つの系列に分類され得るという評価であり，ヤングモード系，ギャルカジ系，スウィート系，ギャルモード系，こだわり系，ヤングフェミニン系，定番カジュアルなどの位置づけは，演出ターゲットを明確化する場合の有効な指針として店舗差別化の強化に役立つ。

ところで，シーズンごとのファッション・トレンドや顧客の生活行動は，時

図表5―4　ヤング＆キャリアブランド・マーケットのマトリックス

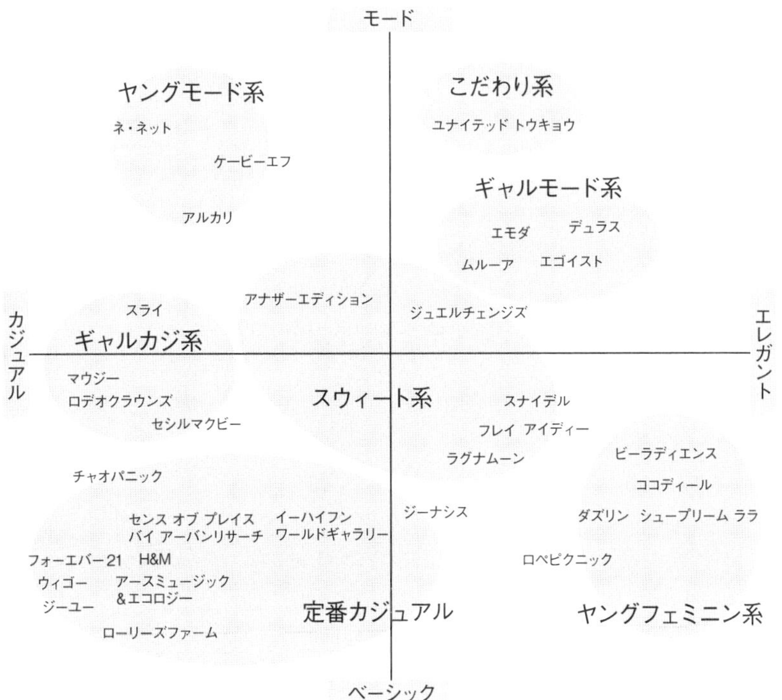

（出所）苫米地香織稿「世代別ブランドの分類MAP」『ファッション販売』商業界，2017年4月号，16頁。

間の流れの中で逐次変化するものであり，衣服という，消費の象徴的意味体系の分化がより顕著な商品の場合，顧客の嗜好は流行の加速的変遷傾向により敏感に反応する。したがって，VPの演出は年間を通じて首尾一貫性があり，かつ，タイムリーなプロモーション・スケジュールに沿って，シンボリックに表現される必要がある。このことは程度の差はあるものの，他の商品の演出にも敷えんされるべき課題である。

プロモーション・スケジュールは，社会行事や季節行事との関連で，顧客の生活行動やファッション嗜好がどう変化するかを考慮しながら立案され，図表5－5のようなプロモーション・カレンダーの形で具体化されていく。カレンダーの作成は，顧客の購買機会と潜在需要の把握から，店舗が提案できるスタイリング・テーマの決定へと進められ，月別にキャンペーンの展開が配置されていく。プロモーション・カレンダーは，月別に，何を，どれくらいの価格と数量で，何型ぐらい揃えて，何日から何日まで，どのような見せ方（陳列・演出）で，どの場所（商品配列・売場レイアウト）で販売していくのかについて，明瞭に書き込んでいくためのプログラム・フォーマットである。そこでは，売上目標と必要経費とを勘案した上で，その目標達成に必要なコミュニケーション・ツールの選択が模索されることになるが，その意思決定に先立ち，コミュニケーション予算の設定について検討されるのが一般的である。

コミュニケーション計画における予算配分法の代表的なものとして，次の4つのアプローチがあげられる[10)]。第一は支出可能予算決定法（affordable method）であり，他のマーケティング機能に配分される諸コストの残余をコミュニケーション予算に充当するものであり，中・長期的視点に欠け，小規模な企業で採用される傾向がある。第二は目標課業法（objective-and-task method）であり，先ず，特定のコミュニケーション目標を設定し，次に，その目標達成のための課業を決定して費用を見積もる方法である。第三は競争企業対抗法（competitive parity method）であり，防衛的見地から競争者のコミュニケーション予算と同等の支出や増加率を計上し，対抗措置を行使する手法を指す。第四は売上高比率法（percentage-of-sales method）であり，過去の売上高または将来の予想売上高に基づき，その一定割合をコミュニケーション予算として配分する方法である。

いずれの場合も，コミュニケーション予算の決定に最適とされる理論的根拠をもち合わせている訳ではなく，言わばセカンドベストとして企業に利用されているのが現状である。それはコミュニケーション活動以外の要因が，コミュニケーション目標や売上目標の達成に複雑に絡み合って，正にも負にも影響を及ぼすという，貢献度測定の困難性に起因するためであり，コミュニケーション計画における予算配分法の選定は，コミュニケーション・ミックスのみならず，マーケティング・ミックス・レベルでの活動相互のシナジー効果を充分考

図表5―5　プロモーション・カレンダーの一例（エレガンス系）

MONTH	2				3				4			
WEEK	1W	2W	3W	4W	1W	2W	3W	4W	1W	2W	3W	4W
行　事	立春 節分	バレンタインデー 建国記念日			ひなまつり		春分の日		エイプリルフール			みどりの日
売場展開ポイント	スプリングコレクション展開 ・ベーシック・アイテムのコーディネート展開 ・ペールトーンの打ち出し強化				オフィシャル・スタイリング提案 ・中・重衣料強化販売 ・小物・アクセサリー強化販売				ゴールデンウィーク対策			
グルーピング打ち出し	ソフィスティケートマニッシュ 大人の女らしさを表現したマニッシュな着こなし				センシブルモノトーン ベーシックな着こなしの中にも個性的な表現				ロマンティックホワイト 白をテーマに大人の女らしいロマンティックな装い			
販　促 イベント	ファッション・コンテスト コンテスト実施により商品性格をリアルに分析											
目　標	坪売上げ　50万				坪売上げ　60万				坪売上げ　80万			
その他	・冬物最終処分（テーマ・バーゲンの設定） ※固定客を対象にした特別招待催事 ・春物提案品揃え期 ・フレッシャーズ強化 ※オケージョンのある提案 ・顧客管理上で新規見込み客獲得のために新入卒者の名簿入手				・春物本格展開（主力商品の設定） ・初夏物導入 ・"入学就職おめでとう"DM作戦				・春物から初夏物への切り替え期 ・初夏物導入拡大 ・ゴールデン・ウィーク対策 ・街頭での手配りDM作戦			

（出所）菅原正博・本山光子著『ショップ・マスター』ファッション教育社，1993年，120頁。

慮に入れた上で，慎重に判断されなければならない。

第４節　流通企業にとっての広告の役割

本章では，主として売場をベースとした店舗レベルにおけるコミュニケーション計画に焦点を当て説明を行ってきた。ここでは流通企業にとっての広告の役割について付言しておきたい。

伝統的なマーケティングは，市場占有率や市場成長率などのデモグラフィック（人口統計学的）な要因に着目し，消費者の経済的判断や量的拡大を促進させる影響要因を重視してきたが，経済の成熟期には，消費者の意識や態度を変容させるソシオサイコロジカル（社会心理学的）な要因にアプローチしない限り，今以上の消費の伸びは見込めないことが明らかになってきた。

また，これまでは単なる商品の売買取引所としての店舗を運営し，流通機能を経済合理志向で遂行してきた流通企業は，地域文化の一中心地としての役割を担い，町全体の美的水準やセンスの良さを積極的に高めていこうとする役割を市場戦略の中にビルトインさせていくことが要請されている。

元来，マーケティングは消費者の問題解決行動を，財・サービスの提供によって手助けしていく側面をもっている。したがって，企業は消費者の生活水準が高度化した今日，物量的な不足に基づく環境との不適応より，むしろ自信喪失や孤独感あるいは退屈さといった社会心理的な不適応が，消費者の主要な関心事であることを認識する必要がある。それは換言すれば，マーケティングの課題が，環境と消費者との間に存在する技術的・経済的ギャップを埋めるテクノロジーから，社会心理的なギャップを埋めるテクノロジーへと変化していることを意味しており，企業の広告活動もまたそれに呼応して，量的・経済的訴求から質的・文化的訴求へと変質しなければならない必要に迫られている。

この発展傾向に対して，ウォルターズとホワイトが提示する流通企業の対応策は，次のようなキーワードで表される。「時代によって強調している点が変化しているのは明らかである。つまり，それは製品接触と価格比較～価格が需要を生み出す重要な要素として使用されている～を提供する広告スタンスから，小売業が自分自身の力でブランド提供物になることへの変化である[11]」。ブランドというキーワードは，スタイル・ステイタス・個性といった消費者側の社会心理的な意向を反映している。流通企業は，顧客が要求するようになった雰囲気や環境を店舗レベルで創り出していかなければならない。よって，広告の中で提示されるメッセージにおいては，質的・文化的に合致した適切な印象が伝達され，ユニークで目立ったブランド・アイデンティティが形成されている必要がある。

「広告が最も威力を発揮するのは，おそらく，消費者に同じように受け取られてしまう物事に差をつける場合であろう。広告とは，感情的な価値を加え，次に店舗のデザイン，環境，製品ポートフォリオを加える機会であり，それらは消費者の優先的選択や定期的選択を創出し，忠誠度の高い顧客を維持するのに役立つ[12]」。

業態間競争では，いかにコンセプトにこだわるかがマーケティングの出発点となる。その意味で，革新的な流通企業に要求されるのは，明確なブランド・アイデンティティに裏打ちされたコミュニケーション戦略による強力な消費者系列化（consumer franchise）の確立であり，メッセージ伝達における記号の意味内容，つまりシニフィエ（概念）が受け手（標的市場）の解釈に依存しているのであってみれば（発語内行為の文脈依存性）[13]，送り手の情報発信は流行創造という，何ほどか大衆操作の側面を包含せざるを得ない性質をもつにいたる。それは送り手が意図した受け手の反応を導出するための文脈作りであり，需要喚起に結びつくコミュニケーション成立の効率性は，この場合，流通企業の環境創造にかかっているという現実を直視する必要がある。

第5節　シェルフ・スペースとマインド・スペースの相関

流通企業が展開する小売営業形態は，競争の激化とともに多様化の度合いを強めており，消費者のライフスタイルの変化を背景とした購買行動のパターンに適合するストア・フォーマットの開発は，各社にとって差別的優位性を獲得するための最重要課題とされている。

店舗の取扱いアイテム数および粗利益率の増減幅に応じて分類されるストア・フォーマットはアメリカでは複雑に分化し，標準的なフォーマットのコンベンショナル・スーパーマーケットを中心として，「多品種・高利益」のコンビネーションストア，スーパーストア，「多品種・低利益」のハイパーマーケット，スーパーセンター，スーパーウェアハウスストア，「少品種・高利益」のコンビニエンスストア，フード・エンポリアム，「少品種・低利益」のリミテッド・アソートメント・ストア，ホールセールクラブ，ウェアハウスなどが競合関係として位置づけられるのが一般的である。

しかし，現実の競合態様においては，商圏内の買物客は概念化されたストア・フォーマットで店舗を選択しているのではなく，店側が提示する明確なマーチャンダイジング・フィロソフィー（標的とする客層，商品構成，価格設定，サービスレベルなど）に裏打ちされたカテゴリー・マネジメントの優劣を評価している事実に着目しなければならない。したがって，流通企業は買物客のニーズを充足させる諸要因を構成する「カテゴリー」を競合ユニットとして認識し，優れたカテゴリー・ブロックの集合体こそが店舗の競争優位性であることを再認識する必要がある。それゆえ，異質なストア・フォーマットに分類される店舗であっても，類似の傾向をもつカテゴリー同士は競合し，また，ライバルが他社店舗か自社店舗かにかかわらず敵対しうるのである。

小売店舗における棚スペースは需要と供給を一致させる最前線である。スペース管理のプロセスは，第一に全スペースにおける１カテゴリー当たりの配分スペース決定，第二にカテゴリー内における各ブランド・アイテムの配分スペース決定，第三にブランドのカテゴリー内配置（陳列位置）決定の３段階から成る。限られた棚スペースで収益を極大化するためには，カテゴリー・マネジャーは消費者の商品選択に関する「知覚」について関心をもたなければならない。J.コースジェンス（J.Corstjens）らは，この課題に対し「シェルフ（棚）・スペース」と「マインド（意識）・スペース」の2つの概念を用いて説明を試みている[14)]。

小売商業構造が未だ前近代的な段階で，零細小売業が市場の大部分を占めていた状況においては，シェルフ・スペースの運用は巨大メーカーの意思決定に従属し，陳列からPOP広告などのアドバイスにいたるまで，質・量ともに長年にわたりコントロールを受けてきた。しかし，小売市場の寡占化にともない，大規模な流通企業が零細小売店にとって代わると，シェルフ・スペースを自らの有力な経営資源として戦略的に活用するチェーンが台頭し始め，そのコントロールをメーカーから奪取するための理論や技術が進化してきた。

カテゴリー・ブロックごとのフェイシング数，陳列の奥行き，ディスプレイ，エンド陳列，顧客動線，陳列位置，POP広告などの諸要因に関する意思決定の自由裁量度を高めた流通企業はメーカーへの対抗力を強め，仕入・販売条件の優位性を充分に発揮しながら，自社に有利な商品構成や粗利益率の達成を指向する。収容力に限界があるシェルフ・スペースの割り当てにおいて，自社のPB商品の優先度が高いと判断される場合，メーカーのNB商品が棚割りから容易にはじき飛ばされるケースも起こりうる程，両者の勢力バランスは大きく逆転している。

シェルフ・スペースが，集中度を高めた流通企業の基本的な戦略要因となってきた傾向に対し，再度，そのコントロール能力の回復を目指すメーカーに残されたフィールドは，マインド・スペースという戦略要因である。店舗の棚スペース同様，消費者の意識スペースにも収容力の限界は存在する。市場に溢れ出す無数の商品群の中から，妥当と思われる商品を選択するための情報処理に要する消費者の心理的な負荷は，かなりの重圧となっている。それゆえ，購買行動のたびに背負わされる何百何千という決断を軽減するために，買物客は日常的に商品への「先入観」をもって店舗の陳列棚に出向いている。この先入観は，自社ブランドに対する認知度・使用経験・満足度・習慣化などの累積プロセスによって形成され，消費者の意識の中に独自の領域を築くことに成功したメーカーは，他社ブランドをマインド・スペースの隅に追いやることが可能となる。

マインド・スペースの創造には統合型マーケティング・コミュニケーション（integrated marketing communication：IMC）戦略が有効である[15)]。IMC戦略の目的は，マス広告，パブリック・リレーションズ（PR），ロゴデザイン，イベント，展示会，パンフレット，パッケージング，サンプル試供，アフターサービスなどのコミュニケーション・ツールを動員して，首尾一貫したセールスメッセージを伝達し，消費者の長期記憶に介在して階層的な意味構造の中で一定の位置を占めることにある。

図表５－６は，「飲料」概念の階層序列を示している。人は新しい情報を受容する際に，脳内でネットワーク状に関係性をもつ各概念グループの中に，ふさわしい場所があるかどうかを探索するための照合・判定プロセスを不断に繰り返している。メーカーは中核となる概念を強化・拡大する付加情報を，自社ブランドと連鎖する方向で消費者の記憶に植え付け，商品選択の負荷を軽減する判定システムを構築すべきである。

ダイエットタイプのコーラにはダイエットペプシ，ダイエットコーク，その他のダイエット缶飲料，PBダイエットコーラなど複数存在している。図の下位層に位置づけられるこれらのブランド・コネクションの中から特定の１ブランド（たとえば，ダイエットペプシ）を基本層に押し上げてソフトドリンク概念に結びつけ，そのサブコンセプトであるコーラ概念にとって代わるように情報操作できれば，ダイエットペプシは容易に消費者に想起され，他社ブランドをマインド・スペースから排除し，購入される可能性が高まるというのがIMC戦略の仮説である。マインド・スペースの創造は一定の時間的な蓄積を必要とするが，後発のライバル企業ブランドに対しては，強力な参入障壁として効果を発揮する。

シェルフ・スペースとマインド・スペースの相関は，流通企業とメーカーのパワーバランスに連動したトレード・オフ関係として理解されがちであるが，現実には，そのような消耗戦的な敵対行為に終始する次元にとどまらず，相乗

図表5—6　「飲料」概念の階層序列

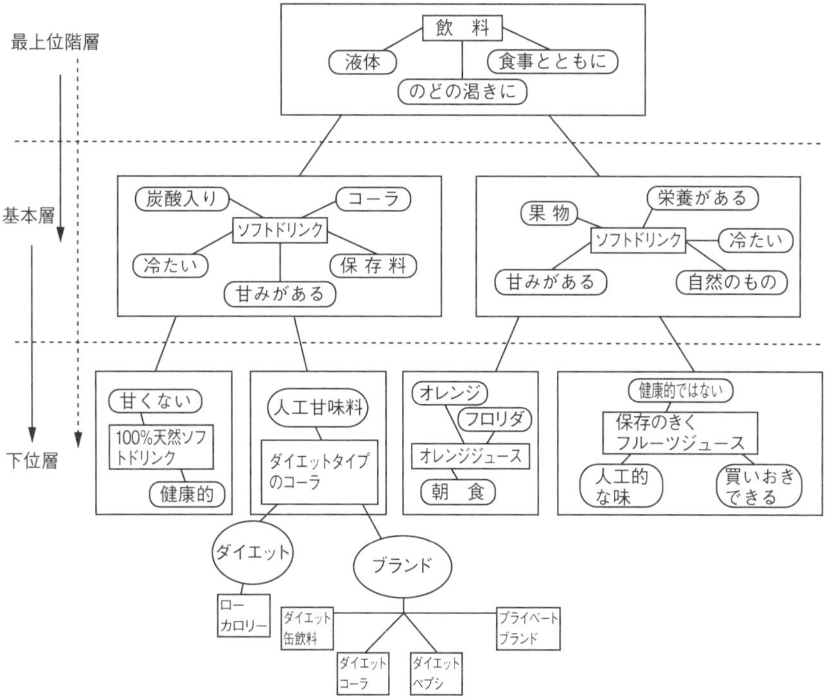

最上位階層
飲　料
液体
食事とともに
のどの渇きに

基本層
炭酸入り
コーラ
ソフトドリンク
冷たい
保 存 料
甘みがある
果 物
栄養がある
ソフトドリンク
冷たい
甘みがある
自然のもの

下位層
甘くない
100%天然ソフトドリンク
健康的
人工甘味料
ダイエットタイプのコーラ
オレンジ
フロリダ
オレンジジュース
朝　食
健康的ではない
保存のきくフルーツジュース
人工的な味
買いおきできる
ダイエット
ブランド
ローカロリー
ダイエット缶飲料
プライベートブランド
ダイエットコーラ
ダイエットペプシ

（出所）D.E. Schultz, S.I. Tannenbaum and R.F. Lauterborn, *New Marketing Paradigm : Integrated Marketing Communications*, NTC Publishing Group, 1993, pp.48-50.（有賀勝訳『広告革命：米国に吹き荒れるIMC旋風』電通，1994年，66および68頁の図を修正した）。

的かつ相互補完的な側面をも有している。すなわち，メーカーブランドが大多数の消費者の意識内にうまく入り込み，広範なマインド・スペースを獲得すれば，流通企業はその顧客忠誠度を当て込んでシェルフ・スペースを大きく割り当てる。

また，売れ筋商品のフェイシング数が拡大し接触率が高まると，当該ブランドの存在感やイメージが強化され，シェルフ・スペースがマインド・スペースを創出する効果も期待できる。さらに，カテゴリー・ブロックごとに製販同盟が結ばれ，消費者ニーズの満足度を向上させるための新製品開発に向けた情報共有化が進めば，サプライチェーンに参加する全ての経済主体がコア・コンピタンス（核能力）供与の対価として，シナジー的な成果を享受しうるwin-winパートナーシップが成立する。

このように，カテゴリー・マネジメントは小売段階における競合ユニットの差別化という水平的側面のみならず，シェルフ・スペースとマインド・スペースの相乗効果を誘発させる垂直的な戦略的提携としての側面をも視野に入れ，顧客吸引力の高いマーチャンダイジングを指向していく必要がある。

■注

1）M.W.Delozier, *The Marketing Communications Process*, 1976, p.168.

2）言語学者のソシュール（F.Saussure）によれば，記号（signe：シーニュ）は心的に表裏一体で決して分離できない２つの要素，「意味するもの（signifiant：シニフィアン）」（記表：文字形象・聴覚映像）と「意味されるもの（signifié：シニフィエ）」（記意：概念）の結合であるとされる。１つの記号を作るために，シニフィエとシニフィアンを結合させる作用を意味作用または意味化と呼ぶ。ソシュールは，この結びつきを恣意的で任意であると強調している。

3）P.Kotler, *Marketing Management*, 4th ed., 1980, p.467. and *ibid.*, 8th ed., 1994, pp.596-616.

4）大槻博稿「マス広告と店頭マーケティングの連動」『宣伝会議』第530号，宣伝会議新社，1995年，28頁。

5）D.Knee and D.Walters, *Strategy in Retailing*, 1985, p.25.（小西滋人・武内成・上埜進訳『戦略小売経営：理論と応用』同文舘，1988年）。

6）小島健輔著『見える（ビジュアル）マーチャンダイジング』商業界，1992年，10頁。

7）D.Walters and D.White, *Retail Marketing Management*, 1987, p.239.（市川貢・来住元朗・増田大三監訳『小売マーケティング：管理と戦略』中央経済社，

1992年）。

8）R.Brognara, *I boom : Prodotti e societa degli anni '80*, 1990.（鵜沢隆他訳『イタリアの企業・デザイン・社会』鹿島出版会，1993年，344頁）。

9）菅原正博・本山光子共著『ショップ・マスター』ファッション教育社，1993年，97－121頁。

10）P.R.Smith, *Marketing Communications*, 1993, pp.23-24.

11）D.Walters and D.White, *op. cit.*, p.197.

12）*ibid.*, p.198.

13）J.L.Austin, *How to Do Things with Words*, 1962.（坂本百大訳『言語と行為』大修館書店，1978年，186－187頁）。

14）J.Corstjens and M.Corstjens, *Store Wars : The Battle for Mindspace and Shelfspace*, 1995.（青木高夫訳『ストア・ウォーズ：メーカーと小売業の戦い』同友館，1998年）。

15）D.E.Schultz, S.I.Tannenbaum and R.F.Lauterborn, *New Marketing Paradigm : Integrated Marketing Communications*, 1993.（有賀勝訳『広告革命：米国に吹き荒れるIMC旋風』電通，1994年）。

第6章

ブランドの価値提案と階層性

第1節　問題の限定

マス・マーケットの崩壊とともに消費の多様化が進み，顧客セグメントの複雑化に適合するために，企業は多数の異なるブランド・アイデンティティを管理する必要に迫られている。市場適応の過程で個々のブランド・アイデンティティの変更を実施しても，既存の自社ブランドとの差別化において重複現象やカニバリゼーションが発生するアイデンティティ・ロスト問題や，成果に結びつかない製品領域に拡張して混乱状態に陥りコミュニケーション資源の拡散を招く事態に直面するなど，ブランド間の相互依存関係の均衡に向けたマネジメントは複雑化の度合いを増している。

本章では，D.A.アーカー（D.A.Aaker）のブランド論を軸として，多様なブランドの集合体をもつ企業が，個別ブランドのアイデンティティ強化およびエクイティ活用（ブランド・マネジャー制）と，全社的視点に立ったブランド体系の相互依存関係の調整および統合（ブランド・マネジメント部門）という，2つの次元におけるブランド管理を実行する際に重要となるブランドの役割と関係性に関する諸課題について，記号論的視点からの考察を試みたい。

第2節　ブランドの価値提案と記号論

製品管理がR&Dコストを投入して機能面での差別化を図り品質を高めマーケットシェアを獲得する「モノの開発」を対象とするのに対し，ブランド管理はA&Pコストを投入して使用場面の限定化を図り便益を高めマインドシェアを獲得する「意味の開発」を対象とする。

企業は顧客が期待する価値をブランドに付与することで識別，保証，意味付けなどの基本機能を継続的な約束（promise）として提供し，また，双方の長期的な絆（ブランド・ロイヤルティ）の形成を基盤に顧客のマインドスペースに一定の意味領域を創造することで関係性の構築を実現する[1)]。

図表6－1は，象徴，意味，ブランド価値の関係性を表わしている。ブランド価値は3つの便益（benefit）の複合体として構成される。第一は機能的便益であり，顧客に機能面の効用を提供する製品属性に基づく便益を意味する。第二は情緒的便益であり，ブランドの所有や使用経験が顧客に肯定的な感情を生み出す便益を意味する。この2つは「何のためのブランドか」という役割設定を担う要因である。

ユニクロ・エアリズムを事例として説明すれば，東レとの共同開発による新素材・カチオン可染型ポリマーと呼ばれるマイクロファイバーが通気・吸湿・放湿・抗菌・消臭・放熱・接触冷感・ストレッチ機能を発揮し，汗の吸収と速乾性が快適な涼しさを維持するという機能的便益を特徴としており，その使用により猛暑でも抵抗なく人とコミュニケーションができ活動への意欲が増進するという情緒的便益が得られる効用を強みとしている。

第三は自己表現的便益であり，ブランドの所有または使用が自己イメージのシンボルとなって他者に伝達されることで一定の意味を表現できる便益を意味する。エアリズムの着用による快適性と活動性は，夏場の電力需要のピークに配慮した節電志向による職場のエアコン温度28℃設定のもとでも発汗が抑制され，体臭を気にせず周囲へのエチケットに配慮ができ，それを着用しない時よ

図表6―1　象徴，意味，ブランド価値の関係性
―ユニクロ・エアリズム（AIRism）の場合―

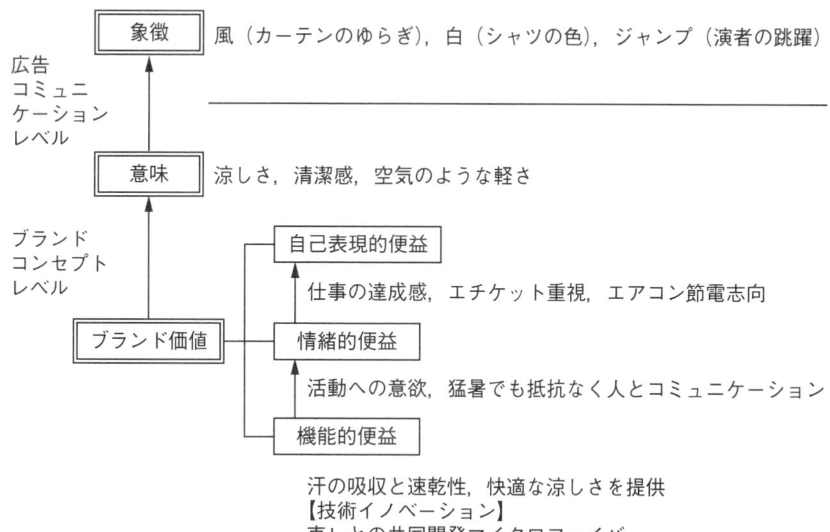

（出所）筆者作成。

りも仕事の達成感や充実感にプラスの効用が得られ，清潔で溌剌なパーソナリティとして人々の目に映るという自己表現的便益に連動している。これは特定のブランドの所有や使用が「何を意味し，どのようなモノ／コトを象徴するか」という意味付け（シンボル化）を担う要因である。

このようなブランド価値の基本設計は，さらに中核顧客層（core customer）の明確化へと進み，同一顧客層へのアプローチを試みる競合ブランドとの差別化を図るため，製品カテゴリー内における自社ブランドの位置付けを調整するポジショニングのプロセスを必要とする。それゆえ，個別ブランドのアイデンティティ形成は，顧客の現実の自己イメージ（どのように実際の自己が知覚されているか）を理想の自己イメージ（どのように自己を知覚されたいと望んでいるか）へと変換する作業であり，顧客自身も気付かない潜在的なニーズに応えて

いくための将来ビジョンに基づく価値提案と言えよう[2)]。

ところで，価値提案は広告表現を通じて訴求されるが，広告媒体が伝達するメッセージは文字・音声・映像の姿をとってブランド価値を連想させる象徴に翻案（encording）され，象徴に意味を付与させるかたちで便益を伝達し，顧客に解読（decording）される。先述のユニクロ・エアリズムの広告表現においては，涼しさ，清潔感，空気のような軽さなどのブランド価値が風（カーテンのゆらぎ），白（シャツ・カーテン・室内の色），ジャンプ（演者の跳躍）に象徴化され，「着ている方が涼しい」というメッセージに映像を集約させながら便益を顧客への約束としてアピールしている。

図表６－２に示されるように，F.ソシュール（F.de Saussure）の記号論をアナロジーして言えば，言語記号であるSigne（シーニュ：記号）は，Signifiant（シニフィアン：記表；意味するもの）と，Signifié（シニフィエ：記意；意味されるもの）という，心的に表裏一体で決して分離できない２つの要素の結合体として理解される。風・白・ジャンプのような聴覚・視覚映像（image acoustique）に付与された概念・意味（concept）は，コマーシャル・メッセージを通じて繰り返し顧客のマインドスペースに刷り込まれ，シニフィアンとシニフィエを結合させる意味作用（意味化）のプロセスによりブランド価値の定着が推し進められる[3)]。

さらに，メッセージの伝達は企業（話し手）から顧客（聞き手）への発語行為（パロール）と捉えることができる。発語行為によって陳述された事柄についてのコミュニケーションは，それと同時に両者の「間人格関係」において行われるメタ・コミュニケーションをも含んでいる。アーカーは所与のブランドから連想される人間的特性の集合をブランド・パーソナリティと定義付け，誠実・刺激・能力・洗練・素朴のような人格を記述するのと同じ用語を使用して製品は認識されるとしている[4)]。人としてのブランド（企業）の発語行為もまた，話し手と聞き手とがある事柄について確認しあう「対象のレベルにおけるコミュニケーション（対象言語）」と，話し手と聞き手の双方がこの交信を通じて互いに承認し了解しあう「相互主体性のレベルにおけるコミュニケーショ

図表6—2 ソシュールによる言語記号の性質

Signe（シーニュ：記号）＝ Signifiant（シニフィアン：記表～意味するもの）「聴覚映像（image acoustique）」 ／ Signifié（シニフィエ：記意～意味されるもの）「概念（concept）」

（出所）Ferdinand-Mongin de Saussure, *Cours de linguistique générale*, Payot, 1916. および*Course in General Linguistics*, McGraw-Hill, 1966, pp.65－70, 114－122.（町田健訳『ソシュール一般言語学講義』研究社，2016年，100－106, 160－171頁を参照して筆者作成）。

ン（メタ言語）」とが同時に行われる。

前者の「対象のレベル」は，対象がいかなるものかを指示または述定する「事実確認的・認知的」な命題内容の側面をもつのに対し，後者の「相互主体性のレベル」は，言語行為能力をもつ主体同士が「談話共起的」な意思をもって相互に認め合い対話関係を創り上げていく相互行為の側面を意味している。発語行為は，このように二重のコミュニケーションによって構成されるものであり，対象の指示や述定にとどまらず，常にそれ以上のことを遂行する奥行きを備えていることに留意しなければならない[5)]。

J.L.オースティン（J.L.Austin）は，音声を発する行為（音声行為），語彙と文法に適った単語を発する行為（用語行為），指示対象と意味を伴う単語あるいはその連鎖としての文章を発する行為（意味行為）を同時に遂行することを発語行為と定義する。そして，「エアリズムは着ている方が涼しい」という主旨の発語行為は，「エアリズム」，「着る」，「涼しい」などの単語の組み合わせにより構文され発語される次元（locutionary act：発語行為），「着ている方が涼しい」という事態の報告がなされる次元（illocutionary act：発語内行為），さらに，事態の報告にとどまらない言語外の動機付けの次元（perlocutionary act：発語媒介行為）の３つのレベルの言語ゲームとして把握される[6)]。

この発語行為は，意味の指示や事態の報告の次元を越えて，エアリズムというブランドが保証する事柄に対して義務履行の期待を顧客に喚起させる「規範設立的」な意味合いを含んでおり，言語主体同士の間での事前了解のかたちで，ある種の約束が協働関係として背後に横たわるメタ・コミュニケーションであることに注目したい。本来，ブランドは顧客の期待価値と企業の提供価値を一致させ継続的な絆（約束）の形成を担うものであってみれば，協働関係におけるブランドの役割遂行が，期待に応える価値付与から期待を裏切る価値剥奪へと転落した場合，不買行動という強制手段に訴えるのは必至となる禁忌の命令がメタレベルで言外に含まれている。

それゆえ，個々のブランドは，顧客のニーズと競合ブランドとの相関関係が織りなす象徴‐意味体系（ラング）の制約の中で，目的と役割の差別化を模索しながら，アイデンティティ強化に向けたブランド価値の形成および訴求（記号的＝示差的意味の開発）という一種の発語行為（パロール）の効果的なコミュニケーション遂行を要求されるのである。

第3節　ブランドの階層性と相互依存関係

細分化する顧客のニーズに適応しながら個別ブランドの価値を探索し，売れ続ける仕組みを維持または強化するための管理は，「個々のブランドの内的構造」（intra-brand structure）を分析する過程と捉えることができる。他方，多様なブランドの集合体を擁する企業は，全体としてのブランド体系の視点から動態的な市場の変化との均衡を調整しながら，「ブランド間の関係性」（inter-brand structure）に配慮した管理が求められる[7)]。

ブランド体系の目的は，個々のブランド・アイデンティティの目的とは質的に異なり，新規ブランドの発射台として機能し，互いに他のブランドを支援し価値の共通性を生み出す相互依存関係（価値提案の重複が生む混乱の排除を含む）を考慮しながら，あるブランドへの投資から体系全体がシナジー効果的な便益を受けるかどうかという資源配分アプローチに基盤を置いている。

ブランド間の関係性は，ブランド体系を垂直的な側面と水平的な側面に分けて把握することができる。まず，ブランド群の垂直的構成はブランド階層の配置と機能分担を決定するためのブランド階層設定の問題として，次に，ブランド群の水平的構成は，自社ブランド群内におけるグルーピングと，他社ブランドとの結束および提携を決定するためのブランド・フォーメーションの問題として管理領域が設定される。

図表6－3は，ファーストリテイリング社におけるブランドの階層性を表わしている。同社の場合，ブランド階層設定はおよそ5段階で把握することができる。階層構造の頂点には第1層である「企業ブランド」があり，提供される製品またはサービスの背後にある組織の文化や価値，従業員の賛同と誠意，管理システム，プログラム，資産やスキル，組織の可視性などを組織連想として

図表6―3　ファーストリテイリング社にみるブランドの階層性

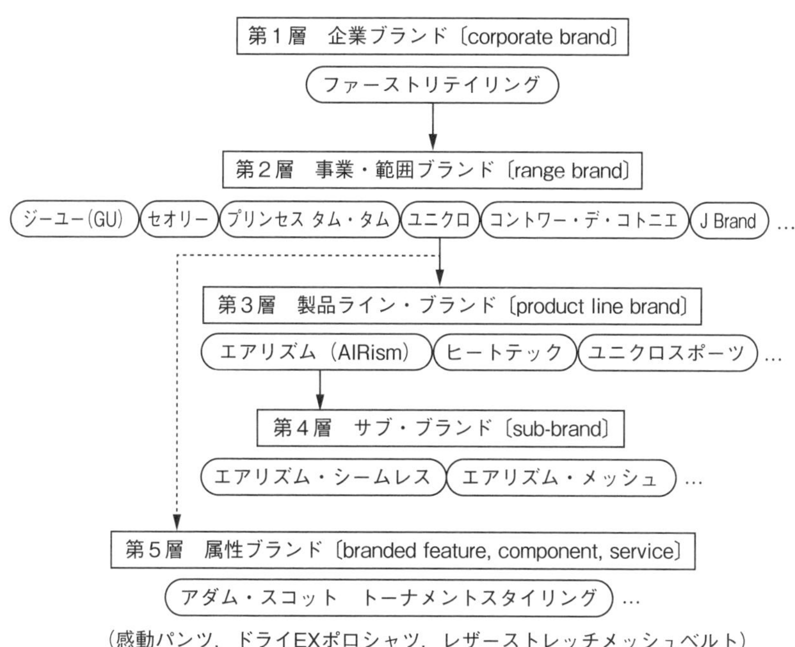

（出所）David Allen Aaker, *Building Strong Brands*, The Free Press, 1996, p.242.（陶山計介・小林哲・梅本春夫・石垣智徳訳『ブランド優位の戦略：顧客を創造するBIの開発と実践』ダイヤモンド社，1997年，319頁を参照して筆者作成）。

含み，下位のブランド階層に対して総体的なエンドーサー（endorser）機能を果たし信頼性を与える。第2層の「事業・範囲ブランド」は，類似製品や営業形態別にグルーピングしたものであり，同社はユニクロ，GU，セオリー，コントワー・デ・コトニエなど複数の業態をチェーン展開している。第3層の「製品ライン・ブランド」は，特定の事業・範囲ブランドとの結び付きをもつ傾向が強く，エアリズムやヒートテックはユニクロおよびGU業態の主力商品として位置づけられている。第4層の「サブ・ブランド」は，製品ライン・ブランドを機能性やデザイン性において詳細に規定するレベルであり，エアリズム・シームレスやエアリズム・メッシュなどが開発されている。さらに，製品特徴あるいは製品と結びついたサービスのブランド化により拡張される第5層の「属性ブランド」と呼ばれるカテゴリーがあり，特定のアスリートとの提携による製品展開やプレミアム会員への特典サービス，環境保全や障害者支援活動のプログラムなどがアイデンティティに融合される。

アーカーは，既存ブランド体系の再設計に向けて操作しうる個別ブランドの役割を階層性と関連付けて分析している[8)]。第一はドライバー・ブランドであり，顧客が購買によって主として受け取りたいと期待する価値提案そのものを意味する。たとえば，ユニクロ・エアリズム・シームレスの場合，顧客は主にエアリズムという名前が表現する技術と性能を購買しているのであり，商品のパッケージや店舗のシェルフスペース，ユーザーのマインドスペースにおいて強いアイデンティティを発揮しうる名前とシンボルがドライバー・ブランドとなる。対照的に，BMW7シリーズやレクサスLSクラスの場合は，特定の車種モデルが提供する機能的な価値提案よりもBMWおよびレクサスというシンボルが表す価値提案が購買意思決定を推進するドライバー・ブランドとなる。それゆえ，顧客セグメントに対して有効な駆動要因の明確化と象徴化の整合性は，階層的なブランド間の関係性の修正プロセスとの連動において実行される必要がある。

第二はエンドーサー・ブランドであり，ドライバー・ブランドによる訴求を支援し，信頼性を与える企業ブランドや競技選手との提携による属性ブランドなどが保証人として，約束された機能的・情緒的・自己表現的便益を提供する。安心感の提供は，製品が革新的で顧客に使用経験がない場合に重要性を発揮し，スマートフォンやタブレット端末が市場に参入した際に，エンドーサーとしてインテルやクアルコムが部品供給（インテル・ペンティアム・プロセッサー，クアルコム・スナップドラゴン）を，アップルがプログラムソフト（iOS，Safari）面での支援を保証してくれるという組織連想が強力なシグナルとなる。また，バスケットボールではナイキのエア・ジョーダン（マイケル・ジョーダン），フォース（デビット・ロビンソン，チャールズ・バークレイ），フライト（スコッティ・ピッペン）といったトップアスリートのエンドーサーによるカリスマ性が使用経験から生じる感情に豊かさと深みを加えるのである。

第三は戦略ブランドであり，プロダクト・ポートフォリオ・マネジメントとの関連で説明すれば，花形製品（star）のように既にかなりの額の売上高と利益をもたらす支配的なメガ・ブランドと，現在は未知数のブランドであっても将来的に有望視される問題児（wild cat）の双方の中から，中・長期的に組織をあげて支援する構えをもって育成するブランドを抽出し，選択と集中の観点から優先的な資源配分を試みるものである。グーグルのアンドロイドOSおよびWebブラウザのグーグル・クロームは，それ自体の売り上げが目的ではなく，スマートフォンやタブレット端末の標準的なプラットフォームを支配する将来的な可能性と，ネット検索履歴などの追跡による情報収集能力を背景とするリターゲティング（retargeting）広告収益の獲得（たとえば，ユーチューブ動画に割り込むストリーミング広告やバナー広告などのスポンサー収入）を目論んで開発されている。

第四のサブ・ブランドは，親ブランドのアイデンティティと調和し支援する役割を担う。これは新たな状況にブランドを拡張する場合に，既存製品クラスや属性との連想を薄めるジレンマに伴うリスクに対する解決策として用いられ，また，ニッチで短命なセグメントに最小の投資で適合させるとともに，コア・ブランドを危険にさらすことなく消滅させることができる戦略的機会主義に基づく展開をも特徴とする。約30種目のスポーツ競技用に年間何百種類ものサブ・ブランドのシューズを開発し，デザインと技術の鮮度が落ちればマーケットから適宜フェイドアウトさせ新ブランドと次々に入れ替える巧妙なナイキのサブ・ブランド戦略が，修正，改良，多様化のシグナルとして新たな情報コードを親ブランドのアイデンティティに付加する役割を果たしている[9)]。

このように，個々のブランド・アイデンティティの変更はブランド体系を市場状況の新たなフェーズへと変換させる役割を担っており，差別化と活性化に向けて積極的にマネジメントされるべき価値の発見および創造がダイナミックな成長への鍵となる可能性を秘めているのである。

第4節　記号的＝示差的意味の創造によるブランド・マネジメント

人間の言語活動は，論理の前提や組み立てに感性が濃密につきまとうことで展開されるものである。対人関係のみならず，商品との関係においても生じてくる感情・情緒・情念の運動を細やかに仕分け，新たな意味や価値をブランド・アイデンティティに昇華させる過程で，記号論的アプローチの貢献度は高いものと思われる。

「着ている方が涼しい：エアリズム」や「自ら発熱する繊維：ヒートテック」というイノベーティブな発語行為による示差性（他の衣類との違い）が表現する意味をブランド価値として受け入れ，マインドスペースにおける商品選択の優先順位を上位に入れ替えるであろう標的顧客の潜在需要を想定し，「意味の開発」を仕掛けるブランド管理を起点に，「モノの開発」に着手する製品管理の一環として素材の技術革新が推進される。

機能的意味は記号的＝示差的意味に従属し，新たな価値が発見され具現化された商品が欲望を生む[10)]。行動科学では人々に一定の反応を引き起こすモノを解発信号という[11)]。商品が欲望の解発信号である限り，ブランド価値研究は記号論とのさらなる関係性の深化が求められる。

■注

1）青木幸弘・電通ブランドプロジェクトチーム著『ブランド・ビルディングの時代：事例に学ぶブランド構築の知恵』電通，1999年，14－45頁。

2）D.A.Aaker, *Building Strong Brands*, The Free Press, 1996, pp.95-106.（陶山計介・小林哲・梅本春夫・石垣智徳訳『ブランド優位の戦略：顧客を創造するBIの開発と実践』ダイヤモンド社，1997年，120－134頁）。

3）F.de Saussure, *Cours de linguistique générale*, Payot, 1916, pp.65-70, 114-122.（町田健訳『ソシュール一般言語学講義』研究社，2016年，100－106, 160－171頁）。*Course in General Linguistics*，McGraw-Hill, 1966. 言語体系および文法規則（ラング）は，ある社会集団において慣習化され，制度化された約定・規範であり，発語行為（パロール）は，拘束力をもつシンボルの体系を媒介にして自らの能力を実現する諸個体相互のコミュニケーション行為と考えられる。

4）D.A.Aaker, *op.cit.*, pp.141-145.（陶山計介他訳，前掲書，181－186頁）。

5）山本啓著『ハーバーマスの社会科学論』勁草書房，1980年，142－164頁。

6）J.L.Austin, *How to Do Things with Words*, 2. ed., Oxford, 1962, pp.91-132.（坂本百大訳『言語と行為』大修館書店，1978年，159－219頁）。発語行為は，第一に，一定の意味と言及対象とを伴って一定の文を発するに等しく，第二に，情報伝達・命令・警告・受領などの発語内行為，すなわち一定の慣習的な発言の力をもつ発語を遂行し，第三に，何かを言うことによって説得・勧誘・阻害，さらには，驚かせたり誤らせたりすることなどを惹き起こし，成し遂げる発語媒介行為をも遂行する。

7）青木幸弘他著，前掲書，30－31頁。

8）D.A.Aaker, *op. cit.*, pp.243-264.（陶山計介他訳，前掲書，320－348頁）。

9）ブランドの役割には他にも，親ブランドのイメージ変更および支援を担う手段として採用されるシルバー・ブリット（silver bullets：銀の銃弾）や，既存のヨーグルト製品にR－1乳酸菌やLG21乳酸菌などの特徴的な成分を構成要素に加えネーミングやロゴで強調するような便益のブランド化（branded benefits）などがある。

10）丸山圭三郎著『ソシュールの思想』岩波書店，1981年，135，198頁参照。我々がソシュールから学んだことは，記号は一つ一つでは何ごとも意味せず，その各々は１つの意味を表わすというよりも，他の記号との意味の距たりを示しているということである。厳密にいうと，シーニュが在るのではなくて，シーニュ間の差異があるだけである。

11）上野千鶴子稿「商品：差別化の悪夢」『現代思想』第10巻第７号，青土社，1982年，100－101頁。

【参考文献】

三浦信著『マーケティングの構造』ミネルヴァ書房，1970年。

山本啓著『ハーバーマスの社会科学論』勁草書房，1980年。

丸山圭三郎著『ソシュールの思想』岩波書店，1981年。

落合仁司著『保守主義の社会理論：ハイエク・ハート・オースティン』勁草書房，1987年。

青木幸弘・電通ブランドプロジェクトチーム著『ブランド・ビルディングの時代：事例に学ぶブランド構築の知恵』電通，1999年。

田中道雄・田村公一編『現代のマーケティング』中央経済社，2007年。

D.E.Schultz, S.I.Tannenbaum and R.F.Lauterborn, *New Marketing Paradigm : Integrated Marketing Communications*, NTC Business Books, 1993.（有賀勝訳，電通IMCプロジェクトチーム監修『広告革命：米国に吹き荒れるIMC旋風』電通，1994年）。

J.Corstjens and M.Corstjens, *Store Wars : The Battle for Mindspace and Shelfspace*, John Wiley & Sons, 1995.（青木高夫訳『ストア・ウォーズ：メーカーと小売業の戦い』同友館，1998年）。

D.A.Aaker, *Building Strong Brands*, The Free Press, 1996.（陶山計介・小林哲・梅本春夫・石垣智徳訳『ブランド優位の戦略：顧客を創造するBIの開発と実践』ダイヤモンド社，1997年）。

D.A.Aaker, *Brand Portfolio Strategy*, The Free Press, 2004.（阿久津聡訳『ブランド・ポートフォリオ戦略：事業の相乗効果を生み出すブランド体系』ダイヤモンド社，2005年）。

第7章

海外ブランド企業の
マネジメント展開とチャネル行動

第1節　海外ブランドの内外価格差問題

日本人の海外ブランド商品に対する嗜好はバブル経済期を契機に顕著となり，いわゆる「ブランドブーム」と呼ばれる社会現象が平成不況を経由した今もなお，とどまる所を知らずに拡大し続けている。エルメス，シャネル，ルイヴィトン，グッチ，プラダなどの銘柄に代表される有名ブランド企業は相次いで日本市場に参入し，東京・銀座の並木通り，名古屋・栄，大阪・心斎橋など大都会のメインストリートに旺盛な出店攻勢を展開，不良債権処理の過程で一等地から撤退した銀行の跡地を埋めるかたちで贅を凝らした路面店を進出させ，各地域の目抜き通りの街並みを次々と変容し続けている。他方，売上高が低迷している百貨店業界も，リニューアル戦略の一環でブランドブティックを核テナントとして誘致することに積極的で，主要ターミナルでは一流ブランド店の囲い込みを賭けて各百貨店が熾烈な争奪戦を繰り広げている。

このようなブランドブームの過熱を背景として欧米のブランドメーカーは軒並み好景気に沸いているが，たとえば，ルイヴィトン・ジャパンの業績推移（売上高および店舗数）を概観すれば，1992年は375億円（28店），1996年は629億円（36店），2001年は1,179億円（45店）と右肩上がりで急成長している。フランス本国の親会社であるLVMH（モエヘネシー・ルイヴィトン）社は，ルイヴィトンをはじめクリスチャン・ディオール，ジバンシィ，セリーヌ，ロエベ，ケンゾー，クリスチャン・ラクロワなどを傘下に収めるグループ企業であり，総売上高122億2,900万ユーロ（約１兆4,200億円），営業利益15億6,000万ユーロ（約1,800億円）の一大ブランド帝国を築き上げている（2001年12月期：１ユーロ=116円換算）。LVMHグループの地域別売上高の構成比を見れば，ヨーロッパ：26%，アメリカ：24%，日本：33%，その他：17%（2002年度）となっており，日本市場におけるルイヴィトン人気の高さを示しているが，バブル経済期以降，円高メリットを背景とした海外旅行が一般化した日本人は国内のみならず外国の免税店などでもブランド品を買い漁るため，実際には，ルイヴィトンの売上高の約60～65%は日本人が貢献していると言われている。

日本人に限らず，人々が高級ブランドを購入したがる理由は，かつてT.ヴェブレン（T.Veblen）が『有閑階級の理論』の中で提起した衒示的消費（conspicuous consumption）の心性に駆られているがためであり，「裕福でない隣人が買った商品よりも高価な商品を所有し見せびらかすという，ただそれだけのことに満足感を覚える」消費者心理が現代社会の文化的本性として横たわり，その経済行動に抜き難い影響力を及ぼしているからに他ならない。したがって，当該商品に稀少価値さえ備わっていれば，機能的な差別化は二次的な問題にとどまり，隣人が容易に手が出せない購入価格を象徴するブランドロゴの有無のみが消費者の最大の関心事となるのである。元来，再生産が不可能な骨董品類は別として，ブランドメーカーが手懸けるバッグ，香水，アクセサリー類は生産量を増加することにより価格を安定化させることが可能なはずであるが，現実には職人技を前面に押し出した限定生産による徹底的な供給管理体制で各社ともプレミア感を巧みに演出し，長期にわたる管理価格の維持を実現している。

稀少性それ自体に価値を見い出し，高額商品を購買することにより一部の人々が効用を獲得する経済行動は市場原理を逸脱するものではないが，流通制度上の何らかの問題が市場価格を不当に吊り上げるなど，消費者の経済的厚生を阻害している場合には適切な処方箋が準備される必要がある。わが国において，海外ブランド商品は現在もなお高額であるが，今以上に高嶺の花であった1980年代後半から1990年代前半にかけて，入手ルートが極めて限定されていた状況で著しい内外価格差が発生し，沸騰するブランドブームを背景に重要な経済問題としてクローズアップされた。

図表7－1（次頁）は，その当時に調査された高級ブランドの主要都市別価格比較の一部である。ここでは，グッチ，フェラガモ，エトロ，コーチ，ティファニーの各人気ブランド品について，ハワイ（直営店および免税店），ロサンゼルス，香港，ミラノ，日本の各都市別の販売価格を当時の通貨レートで円換算して比較している。価格の下の括弧内の数値は，日本国内における直営店での価格を100%とした場合の各都市別価格の比率を表している。たとえば，グッチの「バンブーリュック」について，国内で12万2,570円で販売されているのに対してイタリアのミラノでは８万6,147円程度の通貨価値で取引されており，29.7%もの内外価格差が存在している。ティファニーの「K18ダイヤモンド・ドッツリング」では，国内価格16万2,740円がアメリカのロサンゼルスで11万3,633円と30.2%の内外価格差が発生。さらに，フェラガモの婦人靴ブランド「VARA」はミラノ直営店に行けば国内価格の半額以下，56.9%もディスカウントされたかたちで入手することが可能であり，日本の消費者は国内にとどまる限り，許容範囲を超える内外価格差を受け入れざるをえない経済環境に置かれているのである。

どの国の消費者も先に述べた衒示的消費の心性は多かれ少なかれ持ち合わせてはいるものの，一時期，日本人はヨーロッパ・ブランドの全世界売上高の70～80%を買い占めていたという推計が存在する程の熱狂ぶりであり，過熱する市場需要をターゲットとして，海外ブランドメーカーは日本人の購買行動に照準を合わせつつ，世界的な価格構造の設定を戦略的に操作していることが容易に想像できる。現在では「国民の３人に１人」が所有していると言われ，既に普及率が限界に達していると思われるルイヴィトンの場合，さらなる拡大路線を継続するため，人気商品の意図的な供給限定方策を導入している。たとえば，特別企画のバッグや時計，アクセサリー類は予め数量限定で生産され，初回投

図表7－1　高級ブランド商品の都市別価格比較（1996年調査）

ブランド名	GUCCI					TIFFANY&Co.
商品名 「　」内は通称	「バンブーリュック」(大きいサイズカーフ製)	「バンブートート」(外側に2つポケットLサイズスエード製)	レディスウォッチ('96年春発売)	「ドライビングシューズ」メンズ	「ビットモカシン」レディス靴	「K18ダイヤモンドドッツリング」
ハワイ直営店	1,036ドル46 10万8,828円 (88.8%)	802ドル09 8万4,219円 (84.3%)	390ドル63 4万1,016円 (71.1%)	171ドル88 1万8,047円 (60.4%)	286ドル46 3万78円 (81.1%)	1,104ドル17 11万5,938円 (71.2%)
ハワイのDFS(デューティーフリーショッパーズ)	なし	なし	なし	なし	なし	なし
ロサンゼルス直営店	1,077ドル09 11万3,094円 (92.3%)	833ドル53 8万7,521円 (87.6%)	405ドル94 4万2,624円 (73.9%)	178ドル61 1万8,754円 (62.8%)	297ドル69 3万1,257円 (84.3%)	1,082ドル50 11万3,663円 (69.8%)
香港直営店	7,450HKドル 10万2,065円 (83.3%)	5,250HKドル 7万1,925円 (72.0%)	3,280HKドル 4万4,936円 (77.9%)	1,900HKドル 2万6,030円 (87.1%)	2,300HKドル 3万1,510円 (85.0%)	8,550HKドル 11万7,135円 (72.0%)
ミラノ直営店	126万5,000リラ 8万6,147円 (70.3%)	なし	80万リラ 5万4,480円 (94.5%)	29万5,000リラ 2万90円 (67.3%)	34万リラ 2万3,154円 (62.4%)	未調査
国内直営店	12万2,570円	9万9,910円	5万7,680円	2万9,870円	3万7,080円	16万2,740円

ブランド名	Salvatore Ferragamo			ETRO	COACH	
商品名 「　」内は通称	「VARA」レディス靴	「BABS」レディス靴	ハンドバッグ「ボタンロック」(バケツ型)	ペイズリー柄定番巾着型ショルダーバッグ(小さいサイズ)	ダッフルサックNo.9085	「デイバック」No.9960
ハワイ直営店	177ドル08 1万8,593円 (54.7%)	234ドル38 2万4,610円 (61.3%)	406ドル25 4万2,656円 (64.7%)	442ドル71 4万6,485円 (82.1%)	296ドル88 3万1,172円 (84.1%)	252ドル08 2万6,468円 (82.9%)
ハワイのDFS(デューティーフリーショッパーズ)	170ドル 1万7,850円 (52.5%)	なし	380ドル 3万9,900円 (60.5%)	なし	285ドル 2万9,925円 (80.7%)	242ドル 2万5,410円 (79.6%)

ロサンゼルス直営店	184ドル03 1万9,323円 (56.8%)	243ドル56 2万5,574円 (63.7%)	422ドル18 4万4,329円 (67.2%)	なし	268ドル46 2万8,188円 (76.0%)	227ドル33 2万3,870円 (74.8%)
香港直営店	1,850HKドル 2万5,345円 (74.6%)	2,350HKドル 3万2,195円 (80.1%)	4,950HKドル 6万7,815円 (102.9%)	3,300HKドル 4万5,210円 (79.8%)	2,290HKドル 3万1,373円 (84.6%)	1,950HKドル 2万6,715円 (83.7%)
ミラノ直営店	21万5,000リラ 1万4,642円 (43.1%)	26万5,000リラ 1万8,047円 (44.9%)	47万5,000リラ 3万2,348円 (49.1%)	54万1,000リラ 3万6,842円 (65.0%)	なし	なし
国内直営店	3万3,990円	4万170円	6万5,920円	5万6,650円	3万7,080円	3万1,930円

(注) 価格は全て税込み。1ドル＝105円，1HKドル＝13.7円，1リラ＝0.0681円で換算。
(出所) 月刊『日経トレンディ』日経ホーム出版社，1996年7月号，44－45頁。

入分が瞬時に完売した後もファッション雑誌をはじめとする多様なメディアに広告を出稿・露出し続け，顧客の欲望喚起および飢餓感の増幅を仕掛けている。また，円高メリットを背景としてフランス本国の直営店に巡礼を繰り返す日本人観光客の期待を裏切らず，楽しみを奪わないために，日本の直営店価格は為替レートにスライドさせるかたちでフランス店頭価格の1.4倍という戦略的価格設定が行われ，変動定価制と呼ばれる管理価格で直販コストの吸収および投資（新規出店・店舗拡張）コストの確保を実現している。

このように，海外ブランド商品のマーケットは典型的な売手市場としてその取引が終始しており，欧米の舶来品に対して相対的に免疫力が弱いとされる日本人は巧妙に演出された飢餓感に振り回され，内外価格差によるデメリットの甘受を余儀なくされているのが現状である。それにもかかわらず，維持され続ける顧客の揺るぎないブランド・ロイヤリティは，一体どのような商品流通の仕組みによって支えられているのか。次節では，海外ブランド企業が日本市場への参入にあたって試行錯誤しながら到達した流通チャネルの構造とその変遷プロセスについて検討したい。

第2節　ブランドメーカーによる流通チャネルの構築

わが国の流通機構は諸外国のそれと比較して複雑な構造をもち，新規参入が著しく困難なマーケットであると国際的に批判されてきた。それは小売商業段階における店舗の過多性，零細性，生業性と，卸売商業段階における業者介入の多段階性に起因する流通成果の非効率性という構造上の問題であり，他方では，リベート制，特約問屋制，委託販売制などに代表される伝統的（排他的）商取引慣行に起因する市場アクセスの困難性という機能上の問題であった。しかし，それ自体は日本の歴史的・地域的な特殊事情から生成した一種の効率性であり，長期的かつ安定的な取引関係に重きを置く社会制度にとっては極めて妥当な経済合理性であったと言えよう。このような伝統に引きずられる制度は異質論の文脈の中で特異なものとして諸外国から批判され，「不透明で前近代的な参入障壁」というレッテルを貼られつつ，先進国の一員としての責任が問われ続けてきたのである。

日本におけるブランドマーケットの拡大にともない新規参入を目論む欧米の企業は，対日輸出のアクセス方法についてその参入障壁に苦慮することになる。日本で営業を続ける外国企業を対象に駐日アメリカ商工会議所および欧州ビジネス評議会が80年代半ばに実施したヒアリング調査によれば，大多数の外国企業が日本での事業活動の複雑さおよび困難さを訴える結果となっている。このように，わが国の市場情報および参入ノウハウが不足する中で，100%出資の子会社形態での日本法人の設立を躊躇していた海外ブランドメーカーが選択したのは，輸入総代理店制度と呼ばれるアクセス方法であった。

輸入総代理店制度とは，外国の輸出業者が特定の国内業者にブランド商品の輸入販売権を独占的に付与し（ライセンス契約），ライセンス料およびロイヤリティなどを獲得する継続的輸入取引の一形態と一般に定義づけられる。ここでの国内業者とは貿易商社，百貨店，スーパー，ディスカウンターなどをはじめ，時にはメーカーも含まれるが，いずれの事業者をパートナーとして採用するにせよ，60〜70年代にかけてピエール・カルダンやイヴ・サンローランといった先発隊を皮切りに，日本市場への容易な参入ルートを求めて，輸入総代理店がもつ既存の効率的な国内販売網を最大限に活用することを意図して導入され続けてきた経緯がある。実際には，公正取引委員会の調査によれば，独占禁止法に基づき1981〜85年度の５年間に届出のあった継続的輸入契約2,324件のうち約72.3%にあたる1,680件が輸入総代理店契約であったことからも，当時のブランドメーカーによるチャネル戦略の特徴を見い出すことができる。次に，そのチャネル構造の変化を段階的に追ってみたい。

図表７−２は，イタリアの有名ブランド・フェンディ社の90年代中頃の流通チャネルである。これによれば，フェンディブランドが日本で販売される場合，商品の種類ごとに異なる市場特性に合わせて複数のパートナーが選択され，輸入総代理店制度に基づく２種類のライセンス契約が採用されている。その第１はライセンス輸入権（実線部分）と呼ばれるもので，フェンディ社がイタリアで生産した婦人衣料，革製品，バッグ類の輸入権および国内販売権が日本の中堅商社であるアオイに独占的に供与されているのがわかる。第２はライセンス生産権（点線部分）と呼ばれ，フェンディブランドの時計がスイスのタラマックス社に，紳士衣料が複数のイタリアメーカーに生産委託されており，日本市場向けの販売分について時計は新洋がライセンス輸入権を獲得，紳士衣料は伊藤忠商事を経由して輸入され，三崎商事が国内販売を担当している関係が読み取れよう。また，フェンディ本社はライセンサーとして日本のメーカーにも商標貸しによる委託生産を実施している。たとえば，装寝具については大津コーポレーションに，眼鏡フレームについては服部セイコーに，スカーフやハンカチ類については川辺に，ファッション傘についてはムーンバットに，それぞれフェンディ商標の使用を認め，伊藤忠商事を仲介させるかたちでライセンス生産権を与えている。

ここで見たフェンディ社における流通チャネルの構造パターンは，戦後日本のブランドマーケットに参入した欧米企業の殆どが初期の段階から採用してき

図表7―2 イタリア：フェンディ社の流通チャネル

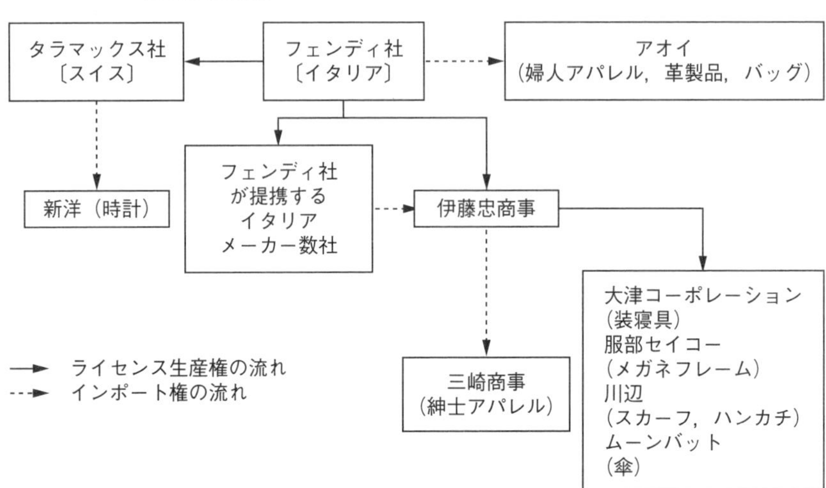

（出所）月刊『日経トレンディ』日経ホーム出版社，1996年7月号，19頁。

た典型例として位置づけることができる。すなわち，本国で生産された一部の舶来（輸入）品を広告塔としてプレミア感を高め，認知されたブランドイメージにリンクさせるかたちで，日本のメーカーへの商標貸しによるライセンス生産から得られるロイヤリティ収入で食い扶持を稼ぐという方式であり，バブル経済が崩壊するまで日本進出の常套手段として導入されてきた経緯がある。ところが，90年代後半から2000年代前半にかけて，円高経済が長期化する過程で輸入ブランド品の価格が相対的に低下することでブランド間競争が激化し，また他方，平成不況が深刻化する過程でブランドを選別する顧客の眼が厳しくなり，ブランド間競争がなお一層激化するという転換点を迎え，数ある有名ブランドも勝ち組と負け組との境界線が次第に明確化しつつある。

ところで，家屋や自動車の購入に匹敵する程ではないにしろ，高額ゆえに容易には買い替えが出来ない海外ブランド品の選択には失敗は許されないというのが消費者の本音であろう。従来は高価なインポート品を敬遠し国内ライセン

図表7―3　イタリア：サルヴァトーレ・フェラガモ社の流通チャネル

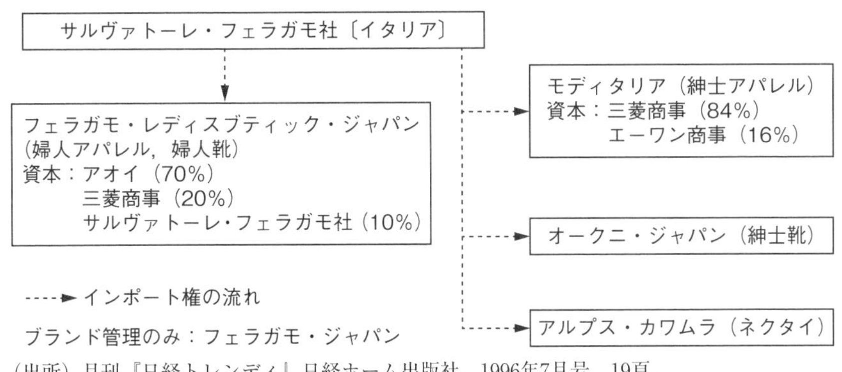

(出所）月刊『日経トレンディ』日経ホーム出版社，1996年7月号，19頁。

ス品に甘んじてきた顧客も，円高の追い風で少し無理をすれば本国生産の輸入ブランド品に手が届くようになってきた。そのような状況を受け，国内ライセンス品の優位性が急速に失われ始めている。たとえば，フランスのクリスチャン・ディオール社はアパレル，バッグ，小物などについて日本企業のカネボウにライセンス生産権を与え，インポートとライセンス生産の国内販売比率１：９でブランドビジネスを展開してきたが，徐々に２：８から３：７へと輸入品比率を増加し，1997年にはカネボウとの提携を解消する事態にまで陥った。日本経済の低迷が長期化する中で進捗する，いわゆる「本物志向」は，着実に旧来型のブランドビジネスの転換を要請しており，90年代後半あたりから欧米のブランド企業はチャネル戦略の抜本的な改革に乗り出すようになる。

図表７－３は，イタリアのサルヴァトーレ・フェラガモ社が採用している流通チャネルである。同社では90年代半ばの段階で既に他国企業とのライセンス生産契約は一切締結しておらず，イタリア本国で生産されたブランド品を輸入総代理店を通じて日本市場に輸出し，100%インポート品のみ国内販売している。婦人衣料および婦人靴などについては，サルヴァトーレ・フェラガモ社10%，アオイ70%，三菱商事20%の共同出資形態によりフェラガモ・レディースブティック・ジャパンという合弁企業を設立して市場動向を把握。紳士衣料

図表7—4 フランス：シャネル社の流通チャネル

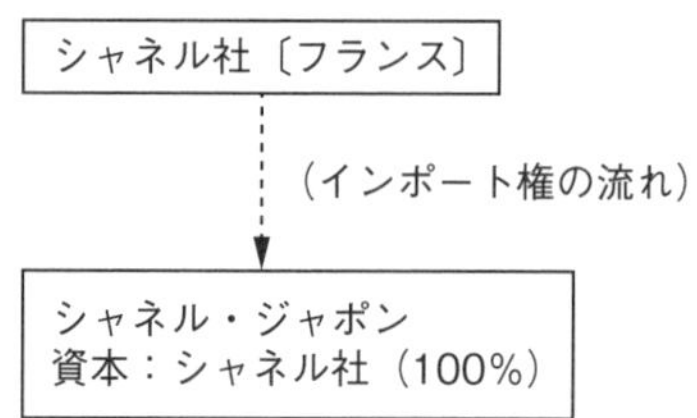

（出所）月刊『日経トレンディ』日経ホーム出版社，1996年7月号，19頁。

については，三菱商事84%およびエーワン商事16%の共同出資で設立したモディタリア，紳士靴およびネクタイは貿易商社のオークニ・ジャパンとアルプス・カワムラがそれぞれ国内流通を担当している。このタイプのチャネル構造は自社製品のデザインおよび機能上の独自性を前面に押し出すために安易な委託生産を排し，品質管理を徹底化することにより製品それ自体のブランドイメージの向上を意図しているが，未だ日本の市場特性および販売網に関するノウハウが不充分な状況を踏まえ，日本企業とのジョイント・ベンチャーで市場を開拓していくことを目的として編成されたものと考えられ，ブランド・マネジメント論における機能的な進化過程から見れば，中間形態的な特性をもつ流通チャネルとして位置づけることができよう。

海外ブランド品のチャネル戦略は，ブランド・エクイティ（資産）の高度化を目指して，さらなる進化を遂げることになる。図表7－4に示された事例は，日本にも「シャネラー」と称される熱狂的なファン層をもつフランスの人気ブランド・シャネル社の流通チャネルであり，構造的には極めてシンプルにして，かつ統制水準の高い特性を誇っている。同社が扱うブランド商品はアパレル，バッグ，靴，貴金属およびアクセサリー類，時計，化粧品，香水など，フルラインのファッション・ビジネスを展開しており，日本市場向け商品は全量メイド・イン・フランスのインポート品を，シャネル本社が100%資本出資する現地子会社であるシャネル・ジャポンを通じて直接輸入および国内流通させる仕組みを構築している。先述のように，ひと昔前までは海外のブランド企業は参入当初，市場の特性が把握できず日本企業に業務の大部分を委ねていたため，ブランド商品の輸入および国内販売を管理するのは輸入総代理店としての国内企業であった経緯がある。しかし，90年代後半以降，徐々にではあるが，ライセンス輸入権の独占契約締結または更新の際に，近い将来の提携解消を視野に入れ，日本法人設立のタイミングを見計らいながら国内業者との合弁企業における自社出資比率を戦略的に調整する外国企業の動きが目立ち始め，現在では本国のブランド企業が100%出資の現地法人を立ち上げ，日本市場に自ら乗り出す時代へと移行してきた。その背後で，過去に日本市場の水先案内人として貢献してきた輸入総代理店（たとえば，アオイ，三崎商事，三喜商事など）が，突然の契約解消という煮え湯を飲まされたケースも多々あり，この10年間で，ブランド・ビジネスを取り巻く環境は急激に変化しているのが現状である。

日本法人の設立は，輸入窓口段階での価格操作や広告コミュニケーションなどのブランド管理における本社の統制力強化にプラスになるのみならず，小売段階における直営店レベルでのブランド・アイデンティティの具現化支援に有利な展開をもたらす条件となる。クリエイティヴ・ディレクターの企図するコンセプトがグローバル規模で正確に増幅され，そのメッセージや雰囲気が店舗や接客技術に明瞭に表現されるために，究極のチャネル設計としての現地法人化が主流となりつつあり，既にシャネルを始めルイヴィトンやプラダなども同じタイプの流通チャネルを導入している。

フランス人ジャーナリストのステファヌ・マルシャンによって描き出される欧州の諸事情は，チャネル戦略の背景を探る上で興味深いヒントを与えてくれる。「高級ブランド業界という世界的な産業に影響するあらゆるマクロ経済の要素の中で，最も重要なのは疑いもなく日本人観光客の購買力だろう…世界中の高級ブランド店は，日本からの客を受け入れるための接客技術を身につける。第一課：店員が歓迎の意を込めて微笑んだのに，日本人の客が応じなくても決して彼らが粗野だなどと義憤を感じてはならない。日本の店の従業員たちはお辞儀を繰り返し，微笑みを絶やさずに客を迎える。そのため，客は歓迎の礼に何も感じなくなっているのだ。第二課：日本人客が店の中を移動している時に決してついてまわらないこと。しかし，彼らが振り向いた時には必ず視界に入るような位置にいること…」。

このような細部にわたる本社からの指示を店頭の末端に行き渡らせ，実行させるためには，強力な統制力を備えた命令系統，すなわち，流通における自社管理の徹底化が不可欠となる。標的顧客に向けて，高級かつ揺るぎないブランドイメージを効果的に認知させ，統合化されたマーケティング・コミュニケーションを軸としたシステム作りを本格化させる傾向は，今後ますます増大するものと予想される。その意味で，海外ブランド企業による現地法人の設立は日本市場への進出方策の主流となる可能性が高く，他方でコンフリクトやノイズの発生を可能な限り回避するために，国内業者によって構成される輸入総代理店を排除するかたちで正規ルートを再構築しながら，長期にわたる管理価格の維持を目指していくのがブランドビジネスの戦略パターンとなるため，海外ブランド商品の内外価格差問題を解消する条件は，サプライサイド源流の動向からは見い出し難いのが現状である。

第3節　輸入化粧品に対する非関税障壁

海外から輸入されるブランド商品の流通は，過熱する需要を背景とした供給側のチャネル戦略によって巧みに操作され，市場メカニズムの影響を受け難い硬直的な管理価格で，消費者の恒常的な飢餓感が維持されやすい傾向が明らかになった。このように，容易には手が出せない数あるブランド商品の中で，顧客がさらなる飢餓感に悩まされるのが化粧品である。本節では輸入化粧品の流通問題について考察してみたい。

わが国では，化粧品を業（なりわい）として製造または輸入，販売する場合，薬事法の規定により許可が必要となる。薬事法は「医薬品，医薬部外品，化粧品および医療用具の品質，有効性および安全性の確保のために必要な規制を行うとともに，医療上，特にその必要性が高い医薬品および医療用具の研究開発の促進のために必要な措置を講ずることにより，保健衛生の向上を図ることを目的（薬事法第1条）」としている。ここで焦点となる化粧品は「人の身体を清潔にし，美化し，魅力を増し，容貌を変え，または皮膚もしくは毛髪をすこやかに保つために使用するもので，人体に対する作用が緩和なもの（同法第2条）」と定義され，香水，口紅，化粧水，クリーム，ファンデーション，石鹸などを指す。

許可を申請する者は，化粧品の製造および輸入販売に必要な能力の有無について都道府県により審査され，また，その製品の成分，配合量，安全性に関する妥当性については厚生労働省が審査を行い，5年ごとに許可が更新されることが義務づけられている。

欧米に比べ，わが国における輸入化粧品の販売規制は，長年にわたり著しく厳しい内容を保持したまま推移してきたが，バブル経済期以降，ブランドブームに沸く国内の消費者からは内外価格差問題の元凶と批判され，他方，日本市場への本格進出を目論む外国企業からは自国政府を通じて規制緩和圧力が加えられ続けてきた。現行の制度に到達するまでに，薬事法をめぐる問題は紆余曲折を経て，以下のような経緯をたどってきた。

第一に，海外化粧品の輸入販売を行う業者は，輸入総代理店か日本法人かにかかわらず，製造元メーカーが発行する成分証明書を厚生労働省に提出する義務が課せられる。これは製品の安全性をチェックすることが目的であるが，その種の証明書は流通系列に属する業者のみに本社から与えられる傾きが強く，輸入窓口段階での1社独占を許容してしまうことにつながり，結果的に，政府がブランド企業の正規ルートを保護する「お墨付き」を与えるかたちとなっていた。これにより，国内販売は競争が排除され戦略的な価格操作が容易となるため，内外価格差は温存され続けるという構図である。

第二に，海外化粧品に含まれる原料および成分は，日本の薬事法に定める使用禁止成分に抵触する可能性が高く，中央薬事審議会の検査を必要とするケースが多いこと。その場合，申請から承認されるまでの期間は，申請書が適正な場合でも３カ月以上を要するため，マス媒体による世界同時広告を企図するブランド企業は，日本市場でのタイムラグに起因する販売機会の損失に大きな不満を抱いている。薬事法により国内での使用が禁止されている成分はホルマリン，クロロホルム，プロカインなど16品目。また，サリチル酸をはじめ250品目については使用規定量が制限されている。世界標準から見て厳格過ぎる規制に対応するため，海外のブランド企業は日本市場向け化粧品に限り，審査を容易に通過させることを目的に成分調整を実施している。容器やパッケージは同じでも，品質が変更されている輸入化粧品に対して，海外旅行者が増加し本物の効用を熟知している日本の消費者たちもまた，このような矛盾に不満を募らせている。

満たされない消費者の本物志向と，温存され続ける内外価格差の存在は，正規ルートに属さない中間商人の一部の人々の眼には，リスキーではあるが大きなビジネスチャンスとして映る。たとえば，クリスチャン・ディオールの化粧品・スベルトは，一時期，日本での定価9,000円であったが，アメリカでは当時のレート換算で4,000円程度で販売されていた。不正規ルートではあるが，違法業者がこのようなブランド化粧品を海外で低価格で現地調達し，日本で再販売すれば充分な利幅を獲得することが可能となる。現在の日本の法律では，再販売を目的としない個人輸入については，１品目24個まで合法とされているため，この種の業者たちは知人の個人使用を装って大量の化粧品を国内に持ち込み，違法と自覚しながら，不正規ルートを開拓しつつ再販売を繰り返してきたのである。

正規ルートの存在を無視され，商標権を侵害され続ける海外のブランド企業から沸き上がる批判の声と，国内での使用禁止成分混入の疑いがある化粧品流入による安全性の阻害を考慮し，1996年４月に導入されたのが，厚生労働省による化粧品の並行輸入解禁である。これは都道府県への申請により，正規ルート以外での国内販売を許可するものであり，各商品に成分構成を明記しておけば，メーカーからの成分証明書の届出が不要となるため，実質的な規制緩和と市場競争の促進を目指す意図が込められていた。しかし，現状では使用禁止成分に関する規制が撤廃されず，依然として存続しているため，結果的には不充分な自由化にとどまっていると国内外から批判されている。

並行輸入業者の増加により，アパレル，バッグ，アクセサリー類の定番商品は価格競争圧力が加わり，若干の低価格化が実現しているようである。今後は香水・化粧品類について，妥当な安全性水準を勘案しながらさらなる規制緩和を模索し，過剰な飢餓感から生じる市場の不均衡を是正していくことが求められよう。

第4節　補遺：ブランドビジネスの転換点について

ヨーロッパのブランド企業が，日本市場をターゲットとして認識し始めた契機は1960年代後半に遡ることができる。高度経済成長が本格化するこの時期において，海外旅行をする日本人は未だ少数派であった。しかし，舶来品の良さを熟知していたファッションリーダー的な存在であるこれらの日本人旅行者たちが，パリやミラノのブランド本店に行列する姿を見て，ブランド各社は日本市場の可能性を鋭く察知する。

当初，日本市場への参入は，商社や百貨店との輸入総代理店契約によるライセンス輸入の形態で進められ，主要なブランドをあげれば，ピエール・カルダンと高島屋（1959年），ルイ・フェローと西武百貨店（1961年），イヴ・サンローランと東レ（1963年），ジバンシィとテイジン（1964年），クリスチャン・ディオールとカネボウ（1964年）といった先発隊が次々に日本上陸を開始した。

1970～80年代にかけて，日本でのブランド認知度を順調に高めていったヨーロッパのブランド各社は，さらなる市場拡大を目論み，ライセンス生産権の供与を積極的に推し進める。バッグ，アパレル，アクセサリー類をはじめとする衣料・日用雑貨品の分野で，メイド・イン・ジャパンの欧州ブランドが普及するようになり，90年代初めには約180社の日本企業がライセンス契約を結んでいた。

サプライサイドの橋頭堡固めが進む中で，第１次ブランドブーム（1989～91年）が発生し，バブル経済全盛期にアルマーニやヴェルサーチなどのデザイナーズ・キャラクター（DC）ブランドが流行するが，バブル崩壊とともに派手なイタリアン・ファッションは衰退し，第２次ブランドブーム（1995～98年）へと移行する。好景気の喧騒の陰で，歴史と伝統を前面に押し出してきたブランド企業は，新進気鋭のデザイナーを起用することにより，従来のイメージを洗練化させることに重点を置き始める。ルイヴィトンのマーク・ジェイコブス，グッチのトム・フォード，セリーヌのマイケル・コース，ディオールのジョン・ガリアーノなど，若手デザイナーが創り出す斬新な作品がマニアを生むことに成功する。グッチのバンブーシリーズ，ルイヴィトンのヴェルニ，プラダのナイロンリュックといったヒット商品がメガブランドに成長し，全身を１つのブランドで固める「シャネラー」が登場するのもこの時期にあたる。

その後も不況による可処分所得の減少がブランドブームの火を消し去ることはなく，逆に限られた予算でブランドを厳選する本物志向が購買行動の主流となり，第３次ブランドブーム（2001～02年）は絞り込まれた銘柄の流行というかたちで再燃する。エルメス，ルイヴィトン，カルティエ各社が表参道や南青山などに大規模な旗艦店を次々とオープンする一方で，並行輸入業者によるディスカウント店舗や，ブランド専門のリサイクルショップが急激に増加することで，日本人への定番ブランド普及は一巡する局面を迎えることになる。

2003年以降，停滞感が漂い始め曲がり角にさしかかった日本のブランド市場において，日本法人を設立して以来，右肩上がりの急成長を続けているのがアメリカ・ブランドのコーチである。2001年８月のコーチ・ジャパン開設の翌年にあたる2002年の業績は，売上高が134億円であったが，2006年には約3.7倍の481億円に急増し，日本市場での好調を受けて，アメリカ本社のコーチ・インクも同期比較において急成長を遂げている（売上高：７億1,900万ドル→21億1,100万ドル，営業利益：１億3,300万ドル→７億6,400万ドル）。日本国内の店舗数においても，ルイヴィトン：51店，グッチ：50店，エルメス：41店，シャネル：37店であるのに対し，コーチは112店舗の大量出店で顧客の囲い込みを図っている(2006年３月)。

急成長の秘密は，根拠のある顧客データに基づく隙間市場ターゲット化の精度の高さにある。図表７－５は，ブランドバッグの市場ポジショニング・マップである。縦軸は価格帯，横軸は顧客のファッション感度の高低を表している。従来より，高級ブランドバッグはエルメスやシャネルクラスの中心価格帯が20万円以上，ルイヴィトンやグッチクラスが10～15万円前後と位置づけられている。他方，百貨店の自主編集売場で販売される国産のノンブランドバッグやサマンサタバサクラスの価格帯は３万円前後で設定されているため，４～６万円のマーケットエリアは長い間にわたり空白地帯として放置されてきたのである。

コーチは，「アクセシブル・ラグジュアリー（手の届く高級品）」というコンセプトでその価格帯市場を開拓し，「一生モノとして所有することに重きを置く存在」から，「頻繁に使い気軽に買い替えることを楽しむ存在」へと，ブランドの存在意義を大きく転換することに成功している。高価格ブランドは購入後に普遍化しても容易に買い替え出来ないが，中価格ブランドを数量限定（売切御免）で継続的に新作展開すれば，製品の短命化が普遍化からブランドを救い，同時に，多品種少量生産が希少性を生むことで飢餓感を煽り，欲望を高めるメリットも生まれる。

一定の高級感を保持しながら中価格帯マーケットで強い地位を確保するためには，ブランドビジネスでは禁じ手とされてきた中国生産にも躊躇なく取り組む必要があり，コーチは中国や東欧を中心に世界十数ヵ国に約50の工場を立地させ，生産コストの低減を図っている。

近年はLVMHグループのロエベ（フランス）やセリーヌ（スペイン）もまた，コーチの戦略に追随するかたちで縫製などの工程を中国に移管させており，プライスゾーンも中価格帯へとシフトし始めている。ルイヴィトンやシャネルをはじめとする主要高級ブランドが売上の伸びを鈍化させている中で，新興ブランド・コーチが果敢に挑戦した市場開拓の姿勢は，今後のファッション・ブランドの展開において，先駆的なビジネスモデルになるものと予想される。

図表7―5　ブランドバッグの価格帯と顧客のファッション感度

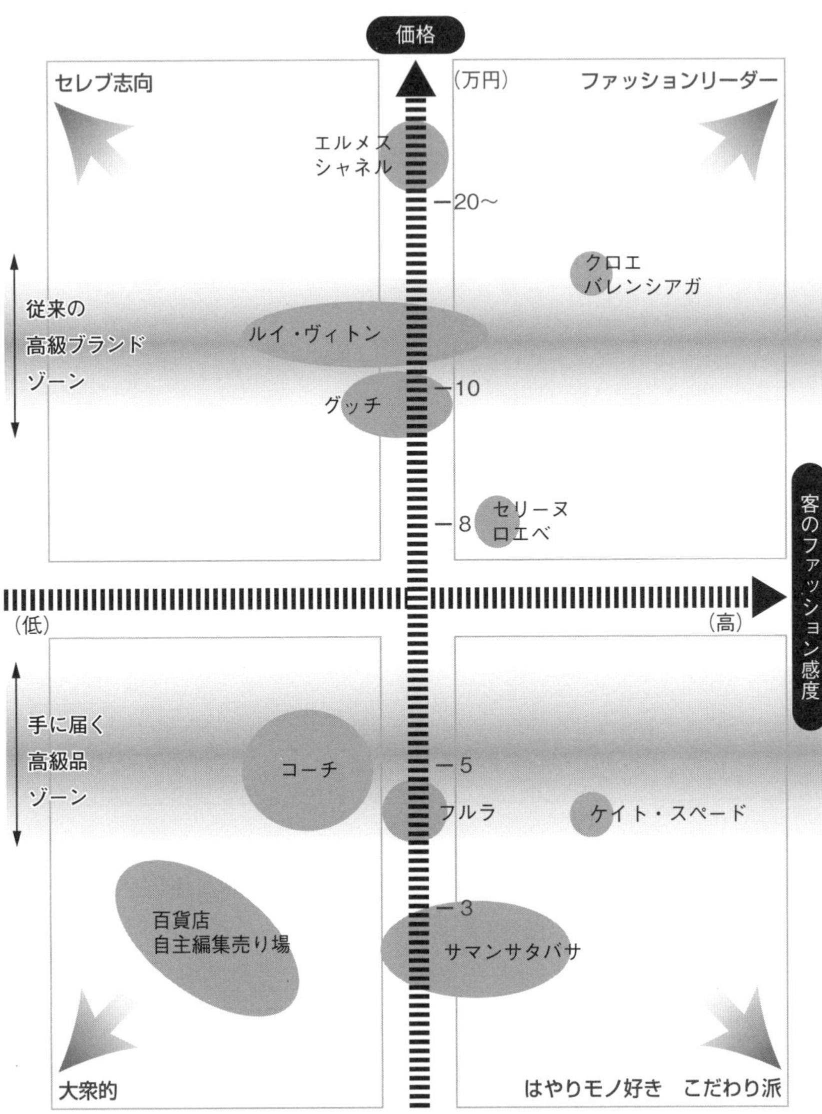

(出所) 週刊『東洋経済』東洋経済新報社，2006年9月23日号，32頁。

【参考文献】

T.Veblen, *The Theory of Leisure Class*, New York, 1899.（小原敬士訳『有閑階級の理論』岩波書店，1961年）。

D.A.Aaker, *Managing Brand Equity*, The Free Press, 1991.（陶山計介他訳『ブランド・エクイティ戦略』ダイヤモンド社，1994年）。

D.A.Aaker, *Building Strong Brands*, The Free Press, 1996.（陶山計介他訳『ブランド優位の戦略』ダイヤモンド社，1997年）。

D.A.Aaker and E.Joachimsthaler, *Brand Leadership*, The Free Press, 2000.（阿久津聡訳『ブランド・リーダーシップ』ダイヤモンド社，2000年）。

S.Marchand, *Les Guerres du Luxe*, Librairie Artheme Fayard, 2001.（大西愛子訳『高級ブランド戦争：ヴィトンとグッチの華麗なる戦い』駿台曜曜社，2002年）。

小島健輔著『ファッションビジネスは顧客最適へ動く』こう書房，2003年。

水尾順一著『化粧品のブランド史』中央公論社，1998年。

前成三著『成功だけが名声を生む』講談社，2000年。

戸矢理衣奈著『エルメス』新潮社，2004年。

堀江瑠璃子著『43・世界のスターデザイナー』未来社，2005年。

上野千鶴子稿「商品：差別化の悪夢」『現代思想』青土社，1982年5月号。

「史上空前ブランドブームに迫る」『日経トレンディ』日経ホーム出版社，1996年7月号。

「ルイ・ヴィトンが日本で売れる本当の理由」『ファッション販売』商業界，2002年11月号。

「世界の大手化粧品・日用品25社の本当の実力」『国際商業』国際商業出版，2004年4月号。

「COACHの奇跡：王者ルイ・ヴィトンを震撼させる新興ブランド」『週刊・東洋経済』東洋経済新報社，2006年9月23日号。

http://www.chusho.meti.go.jp

http://www.customs.go.jp

第8章

デジタル・エコノミーの進展とモバイル・マーケティング

第1節　ユビキタス社会の到来と携帯電話

インターネットの普及以来，人々は膨大な情報をオフィスや家庭で端末を通して自由に入手することが可能となった。ラテン語の“ubiquitous”に意味されるように，「いつでも，どこでも」コンテンツを楽しむことができ，据置型のパソコンよりも機動性に優れた携帯電話が通信機の機能を超えて，モバイル・コンピュータへと進化を遂げつつある。その用途は多様化し，音声通話，メール，カメラ，時計のみならず，近年は音楽・動画配信，ゲーム，電子マネー，GPS，地上デジタル放送（ワンセグ）からインターネット，SNS，IP電話にいたるまで，新しい機能が次々と加わり，周辺市場に大きな波紋を広げ始めている。

図表8－1によれば，2017年におけるスマートフォンの総出荷台数は世界全体で14億7,302万台となっており，1位はサムスン電子（韓国）：21.1％，2位はアップル（アメリカ）：14.6％，3位はファーウェイ（中国）：9.5％という順位で，上位3社のマーケットシェアは45.2％に達する典型的な寡占市場となっている。さらに，スマートフォンの起動ソフトであるOS（operating system）の世界シェアにおいては，1位はAndroid OS（グーグル）：84.7％，2位はiOS（アップル）：14.6％と2強が99.3％を占有し圧倒的な強さを誇っている[1)]。

図表8―1　スマートフォンおよびスマートフォン用OSの世界市場占有率（2017年）

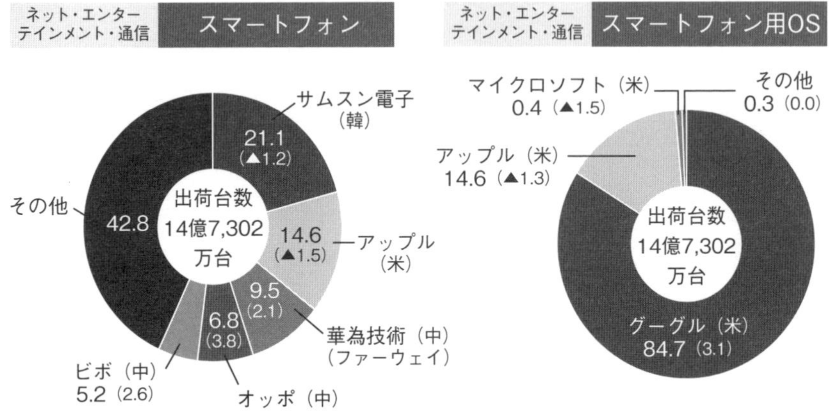

（注）数値は構成比％，括弧内数値は前年比増減ポイント。
（出所）IDCジャパンおよび日本経済新聞社編
『日経業界地図：2019年版』日本経済新聞出版社，2018年，14頁。

IT革命以来，インターネットに関連する情報通信の中核的な技術規格はこれまでアメリカ勢が優位性を保ち続けてきた経緯があり，パソコンやタブレット端末を含めると，OSではWindows OS（マイクロソフト），Macintosh OSおよびiOS（アップル），Android OSおよびChrome OS（グーグル）が，また，ネット検索ソフトであるブラウザーではInternet explorer（マイクロソフト），Safari（アップル），Google chrome（グーグル）がバージョンアップを繰り返しながら市場を席捲し続け，今や日本企業の入り込む余地を見出すのは困難なネット敗戦の様相を呈している。

一般的な商品やサービスの流通とは異なり，技術規格が国際マーケティング行動の成否を大きく左右するこの市場の特殊性をふまえ，本章ではモバイル端末をめぐる通信イノベーションの変遷の経緯をたどりつつ，消費者行動およびチャネル・リンケージの態様の変化について考察してみよう。

移動しながら通信できる無線電話は，アメリカ・ミズーリ州セントルイスで1946年にサウスウェスタン・ベル社によって始められた自動車電話サービスが世界初とされている。わが国では1953年に日本電信電話公社（現NTTグループ）が東京湾と大阪湾の船舶向けに開始した港湾電話サービスが出発点となり，その後，1979年に東京23区での自動車電話サービスが登場する。これは第1世代（FDMA：周波数分割多重接続）と呼ばれるアナログ方式の携帯電話で，通信速度は毎秒2.4キロbps（＝bit per second）程度の音声通話機能に限定されていた。

通信速度はデータ処理能力を意味しており，1993年から導入されたデジタル方式の第2世代（TDMA：時分割多重接続）は9.6〜28.8キロbps（1秒間に9,600〜2万8,800bps）で，メールやiモードなどのデータ通信が可能となった。しかし，ボリューム層への普及が始まったこの時期に，日本の第2世代携帯電話はPDC（personal digital cellular）という独自の技術規格を採用し，ヨーロッパ，アジア，オセアニア，中東，アフリカが採用するGSM（global system for mobile communications）や，アメリカが採用するAMPS（advanced mobile phone system：アナログ）およびIS-95（cdma方式：デジタル）など他国の規格との互換性がなかったため，日本国内でしか使えないというデメリットをユーザーにもたらした（後にアメリカもGSMを導入）[2)]。

このように，PDCという独自規格にこだわったNTTグループを頂点とする通信技術の系列関係が裏目に出るかたちで，日本の「ケータイ産業」はガラパゴス化の一途をたどり海外展開の機会を逸することになる。その結果，第2世代で事実上の国際標準規格となったGSM方式を使えない国は日本と韓国のみとなり，わが国端末機メーカーのグローバル化は大幅に出遅れることになった。

ところで，Windows95の導入以降，インターネット人口は急速に増加し始め，国内におけるパソコンの普及度は既に飽和状態に近づきつつあった。当時，ネット検索の楽しみをモバイル端末でも享受したいというニーズは強く意識されていたが，有線の光ファイバー回線レベルのデジタル通信を無線の電波回線で機能させ，ユーザーにとってさらに快適なネット環境を実現させるにはブロードバンド・ネットワークの構築が不可欠となる。

通信速度が低速で音声，文字，静止画レベルのデータ処理能力しかもたない通信回線をナローバンド（narrow band）と呼ぶのに対し，高速大容量のデータ処理能力をもち，高解像度の動画コンテンツを配信しうる通信回線をブロードバンド（broad band）と呼ぶ。ナローバンドとブロードバンドの境界は，通信速度１～1.5メガbps（100万～150万bps）と規定されており，無線通信の分野において，その領域を超えブロードバンド化を初めて達成した技術が第３世代（third generation: 3G）携帯電話である。

第３世代（CDMA：符号多重分割接続）は384キロ～2.4メガbps（38万4,000～240万bps）の通信速度に向上し，テレビ電話や地上デジタル放送の受信が可能となった。その導入の背景には，国際電気通信連合（international telecommunication union：ITU）が中心となり，世界共通規格の携帯端末仕様を作り上げることを目的として1985年から検討を始め，①固定電話レベルの通信品質，②144キロ～２メガbpsのデータ通信，③国際ローミング（全世界での通信可能性）などの性能を必須要件として統一規格が模索されるという経緯があった。その結果，1999年に各加盟国に向け採用勧告された第３世代の技術規格がIMT-2000（international mobile telecommunication）であったが，各国の通信事業者や端末機メーカーの利権が政治的に絡み合い，最終的にIMT-2000に準じて認められた方式は数種類に分散しつつ，ユーザーの利便性に対する期待を裏切ることになる。次節では，それらの中で特に商用化が進み，幅広い普及を見せた「W-CDMA」および「cdma2000」について検討したい。

第２節　携帯二大陣営の激突:「W-CDMA」vs「cdma2000」

第３世代携帯電話は，世界に先駆けて2001年に日本市場で初めて利用が開始された。その通信方式は，NTTドコモとソフトバンク（当初，J-フォングループが保有していた通信回線が，ボーダフォン日本法人を経由してソフトバンクへ移行）が採用する「W-CDMA」と，KDDIグループが導入する「cdma2000」の２つが併存し顧客争奪戦が繰り広げられてきた。

「W-CDMA」方式はNTTドコモが中心となり，スウェーデンのエリクソンやフィンランドのノキアなどの端末機メーカーと共同開発した技術規格であり，海外ではヨーロッパおよびアジア諸国で採用されるため「欧日方式」とも呼ばれている。そのベースとなっている技術は，開発当時，ヨーロッパを中心に既に約130カ国に普及していたGSM規格であり，NTTドコモは外国での使用が不可能な日本の独自規格PDCを捨て，ヨーロッパと歩調を合わせながらグローバル化への途を歩み始めた。また，ヨーロッパ側も「W-CDMA」がGSMとの親和性が高いことを理由にNTTドコモとの共闘に同調し，従来の通信インフラを活用しつつ（基幹ネットワーク：GSM-MAP），国際ローミングの優位性と高い通話品質を武器に，第３世代携帯電話市場の覇権獲得を目論んでいた。しかし，日本国内では従来のPDC用通信インフラが「W-CDMA」方式には使用できないため，NTTドコモは基地局網の新規構築にともなう大規模なシステム投資の負担を背負うことになった。

導入当初，NTTドコモのFOMAは「W-CDMA」方式で最大384キロbpsの通信速度にとどまり，KDDIが採用するWINの「cdma2000」方式：1xEV-DO・Rev.0がもつ最大2.4メガbpsに遠く及ばなかったため，auの動画サービス「EZチャンネル」，音楽配信「EZ着うたフル」，ポッドキャスティング型音声番組「EZトークセレクション」などの高品質レベルのコンテンツを供給することができず出遅れていた。その後，FOMAは「W-CDMA」のデータ通信を高速化した「HSDPA」方式に転換し，第3.5世代携帯として進化させ，最大3.6メガbps（完成時，最大14メガbps）の通信速度を実現することで「cdma2000」陣営への反撃を本格化し，高精細画像の高速配信を日・欧・アジアで共通化していく構えとなった。

もう一方の対抗勢力である「cdma2000」方式は，アメリカのクアルコムが軍事用の通信システムを応用して独自開発した技術規格である。カリフォルニア州サンディエゴにあるクアルコム本社には，取得特許を銅板に刻印し会長室入口の壁一面にディスプレイされた「パテント・ウォール（特許の壁）」が業界での技術リーダーシップを誇示している。その中には，第３世代以降の携帯電話に必要不可欠な中核技術が数多く含まれており，「W-CDMA」陣営が端末機を開発または生産する場合にも，クアルコムの特許群を避けて通れない程の技術的地位を確立している。

たとえば，1991年に特許認可された「パワーコントロール」という技術についてみてみよう。一般的に，通話中に携帯端末が基地局から遠ざかり距離が変化した際に，基地局に届く電波が弱くなり電話がつながりにくくなる状況が発生する。そこで基地局は電波を強める指示を端末に送り，電波送信力を強めた端末との間で１秒間に800回の頻度で交信を繰り返すことで，相互に充分な電波が届くようにする出力制御技術がクリアな無線環境を支えている。

また，1992年に特許認可された「ソフトハンドオフ」という技術は，通話中に携帯端末がA基地局エリアからB基地局エリアへと移動する際に，双方の基地局と同時に交信し，移動先の基地局との通話が確保されてから前地点の基地局との通信を解除・切断する仕組みであり，これらの重要なモバイル・テクノロジーは，全てクアルコムが開発した１㎝角の半導体チップに収められている。

クアルコムは1985年にマサチューセッツ工科大学（MIT）のアーウィン・マーク・ジェイコブス（Irwin Marc Jacobs）元教授によって創業された。設立当初は競合する技術規格がひしめく中，cdma2000方式の実用化を目指して，半導体チップの開発および生産，基地局網の整備，携帯端末機の生産および販売にいたるまで，自社単独で研究所，工場，通信インフラなどを運営管理する必要に迫られていた。その後，事業が軌道に乗りcdma2000方式を支持するニーズが確保されると，本業としての技術開発会社（technology enabler）へ回帰し，半導体の設計やソフトウェアの開発に経営資源を集中・特化するため，1999年には基地局部門をエリクソンに，2000年には携帯端末機部門を京セラに売却するなど，事業の選択と集中を積極的に推し進めてきた。

図表８－２は，クアルコムのライセンス・ビジネスモデルを簡略化したものである。ファブレス（自社工場を所有しない）経営を指向するクアルコムは，特許技術のライセンス生産権を他社に供与し，そのロイヤリティ収入の大半を研究開発投資に振り向けることで，常に最先端の技術を再生産するビジネスモデルを構築している。３Gが急速に普及し始めた2006年の段階で，クアルコムとライセンス契約を締結していた企業は，①携帯端末機，固定無線端末モ

図表8―2　クアルコム社のライセンス・ビジネスモデル

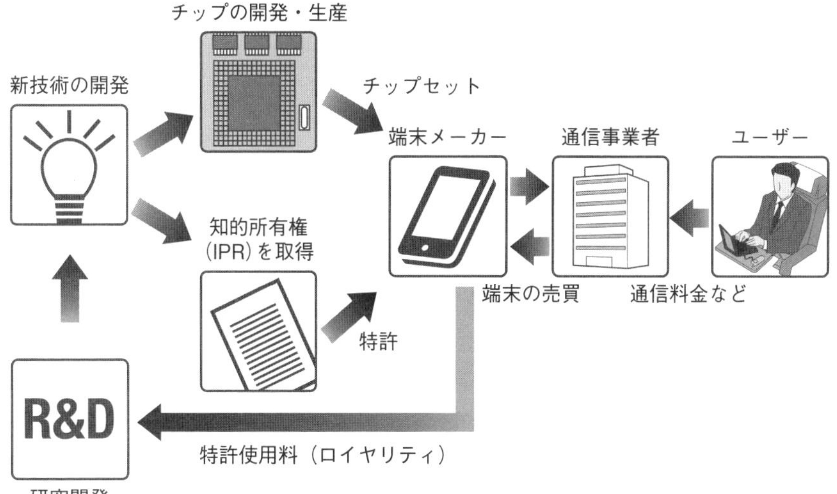

（出所）稲川哲浩著『21世紀の挑戦者・クアルコムの野望』日経BP社，2006年，197頁。

ジュール，データカード分野：98社，②基地局関連設備分野：40社，③半導体および関連ソフトウェア分野：12社，④テスト関連装置・機器分野：19社となっており，クアルコム側の知的所有権（intellectual property rights：IPR）の管理は，社内の４つの事業部門のうちの１つであるQTL（Qualcomm Technology Licensing）が行っている。

たとえば，半導体チップの生産について，クアルコムはインテルやテキサス・インスツルメンツ（TI）のように大規模な工場を保有せず，台湾の半導体メーカー・TSMC（台湾積体電路製造）やUMC（聯華電子）などのEMS（electronics manufacturing service：電子機器の受託製造サービス）企業にOEM（original equipment manufacturing：相手先ブランドによる生産）供給させている。まずは，半導体の設計図を技術供与した対価としてのライセンス料をTSMCなどから徴取し，委託生産させることで自社の生産設備投資のリスクを回避しつつ，クアルコム・ブランド（snapdragon）の半導体チップセットを提携先の端末機メーカーに販売させる。さらに，ライセンス生産権を供与している半導体メーカー，端末機メーカー，基地局エンジニアリング会社などからは販売数量に応じてロイヤリティ収入を安定的に確保することができ，特に，端末機の売上動向がクアルコムの財務構造に大きな影響を与えると言われている[3)]。

日本の携帯電話市場において「cdma2000」方式を展開してきたのはKDDIであるが，同社はその前身のDDI（第二電電）の時代から，第２世代のPDC方式をIS-95Aと呼ばれるcdma方式（cdmaOne：実質的には第2.5世代）へといち早く転換し（1998年），クアルコムとともに第３世代携帯電話を普及させる一翼を担ってきた。クアルコムが推進する「cdma2000」は「cdmaOne」を発展させた規格であるため，基地局をベースとする既存の基幹ネットワークをそのまま利用することができ，他社に比べ第３世代への移行にともなう通信インフラへの設備投資負担を大幅に軽減できるメリットがあった。

その後，NTTドコモとエリクソンの「欧日方式」は，FOMAの「W-CDMA」を高速データ通信仕様の「HSDPA」へと移行し，さらに，上りの通信速度を増強した「HSUPA」へと進化させていった。他方，クアルコムの「北米方式」は，音声通話が中心の「cdma2000・1x」にデータ通信サービスを付加した「cdma2000・1xEV-DO・Rev.0」へと移行し，さらにこれを高速化した「EV-DO・Rev.A」から「EV-DO・Rev.B」に進化させ，順次，第3.5世代へとバージョンアップさせていった。両陣営とも，2010年の実用化を目指して，通信速度100メガ～１ギガbps（１億～10億bps）を視野に入れた次世代の技術開発にしのぎを削り，有線の光ブロードバンド・FTTH（fiber to the home）レベルのハイビジョン映像やCD並みの音質を携帯電話で視聴できるユビキタス環境の構築を本格化させる段階に突入していくのである。

第３節　LTEへの移行にともなう新たな覇権争い：中国通信産業の台頭

LTE（long term evolution）は，主にスマートフォン向けに通信速度を高速化した情報技術であり，2009年にノルウェーとスウェーデンでテリアソネラが世界初の商用サービスを開始した。3Gと同じ周波数帯を活用しながら，3Gや3.5G（HSPA：high speed packet access）と比較して高速大容量の通信を可能とする。導入当初の通信速度は3Gの約3倍の37.5メガbps（3,750万bps）でアプリを取り込む時間が短くなり，動画の再生やゲームなどがより快適に楽しめるようになった。

LTEは第4世代（4G）携帯電話への橋渡しとして第3.9世代と位置づけられ，使用する電波帯域を拡大すれば，光ファイバー通信回線（FTTH）並みの100メガbps（1億bps）の通信サービスが可能となる。コンテンツのダウンロードに要する時間を3GとLTEで比較すると，たとえば，約5分の音楽1曲が100秒から0.38秒に，約2時間の映画DVDが21時間から4.8分に大幅に短縮される。モバイル端末の急速な普及によるデータ通信のトラフィック増大を見据え，通信網の混雑緩和を目論む通信事業各社がLTEの導入を急ぎ始めたことが背景にあり，その標準化を推進する国際プロジェクトである3GPP（3rd generation partnership project）が2009年3月に最初の仕様を策定した。

2010年9月には，アメリカのメトロPCSを皮切りにベライゾン・ワイヤレスも参入し，同年10月には，香港のCSLが，また，同年12月には，日本ではNTTドコモが「Xi（クロッシィ）」の名称で，ドイツではボーダフォン・ドイツが順次サービスを開始した。その後，2011年に韓国のSKテレコムとLGU＋，ブラジルのスカイ・ブラジル，2012年にイギリスのUKブロードバンド，インドのバルティ・エアテル，ロシアのYotaとMTS，アフリカ地域でもアンゴラ，ナミビア，タンザニア，モーリシャスなどの国々で急速な普及をみせ始め，同年末までにLTEを提供する通信事業者数は65カ国・152社に達する勢いであった[4]。LTEはその後LTE-Advancedに改良され，第4世代（OFDMA：直交周波数分割多重接続）として1ギガbps（10億bps）の通信速度まで進化していくことになる。

ところで，第3世代携帯電話の世界市場は，欧日方式の「W-CDMA」と北米方式の「cdma2000」という2つの通信規格に大きく分割されていたことは既に述べたが，第3.9世代のLTEでは３GPPが通信方式を一本化する方向で技術開発が進められてきた。その計画とは別に，2001年11月に世界貿易機関（WTO）への加盟を果たし，海外からの直接投資をバネにして目ざましい経済成長を遂げ，「世界の工場」として今やGDPの世界ランキングで第２位に躍り出たのが中華人民共和国であるが，国内での３G普及の本格化を控え，通信産業分野における技術・特許が外資完全依存であることを問題視し始め，中国共産党の中央当局と国務院が国策（国産技術育成策）として独自規格である「TD-SCDMA」を商用化させる方針を打ち出した。

中国の国有通信事業者は，中国移動通信集団（チャイナ・モバイル），中国聯合網絡通信集団（チャイナ・ユニコム），中国電信集団（チャイナ・テレコム）の大手３社であり，世界最多の国内人口・13億人の利用者をターゲットとしている。通信方式はチャイナ・モバイルが国策主導の「TD-SCDMA」を採用し，チャイナ・ユニコムは欧日方式の「W-CDMA」を，また，チャイナ・テレコムは北米方式の「cdma2000」と，国内で３つの技術規格を併存させるかたちで市場の育成を推し進めてきた。

同国で第３世代の「TD-SCDMA」からその拡張版である第3.9世代の「TD-LTE：time division duplex：時分割復信接続」への移行が始まる2015年の段階において，各社の携帯電話契約者数はチャイナ・モバイル：８億1,720万人，チャイナ・ユニコム：２億8,930万人，チャイナ・テレコム：１億9,144万人と国内市場は既に飽和状態の様相を呈しており，中国の独自規格である「TD-SCDMA」方式を採用するチャイナ・モバイルのマーケットシェアが全体の約63％を占有し群を抜いて躍進していることが特に注目される[5)]。

この動向を憂慮し，これまで対立関係にあったスウェーデンのエリクソン陣営（「W-CDMA」方式）とアメリカのクアルコム陣営（「cdma2000」方式）は対中国シフトに戦略転換することを余儀なくされ，第3.9世代の技術規格を「FD-LTE：frequency division duplex：周波数分割復信接続」に統一し共闘していく体制を整え始めた。この方針は国家機密の漏洩や知的財産権の侵害などを含む各国の安全保障問題も視野に入れたものであり，５Gへの進化に向けた新たな覇権争いが再びグローバルレベルで展開することになる[6)]。

第４節　第５世代移動通信システムの普及とチャネル・リンケージの変革

図表８－３は，第１世代（１G）から第５世代（５G）にいたる無線技術の進化を表したものである。第５世代はOFDMA方式の拡張版であり，通信速度を10ギガ～50ギガbps（100億～500億bps）レベルまで高速化していくことを目指している。利用する電波の周波数帯域は，これまでの４Gで採用してきた極超短波（UHF）の700メガHz帯～3.5ギガHz帯に加え，4.5ギガHz帯やマイクロ波（SHF）の28ギガHz帯など高周波の電波を割り当てる方針である。これは通信トラフィックが2010年から2020年にかけて1,000倍以上に増加することが予想されていることに対応するためであり，第５世代に移行すれば，スマートフォンの動画配信は４Gの２K（1,920×1,080＝207万3,600画素：2.1メガピクセル）レベ

図表８―３　無線通信方式の技術的変遷プロセス

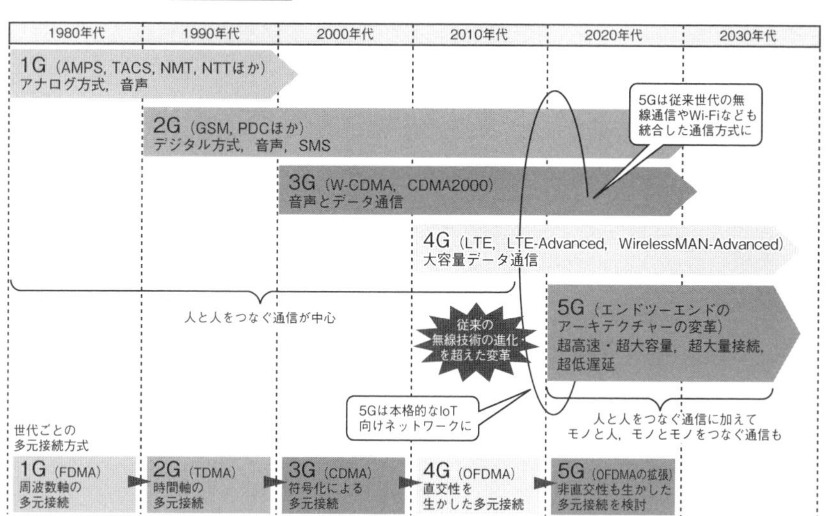

（出所）日経BPムック編『すべてわかる５G/LPWA大全2018』日経BP社，2017年，14頁。

ルから５Gの４K（3,840×2,160＝829万4,400画素：8.2メガピクセル）レベルに解像度を向上させ，電波到達の遅延時間も４Gの10分の１に短縮された１ミリ（1,000分の１）秒を実現することが可能となる。

超高速で超低遅延の電波環境の創造に向けて，国際電気通信連合は「IMTビジョン勧告（M.2083）」を2015年９月に策定した。そこでは，①20ギガbpsのピーク速度達成による大容量の映像配信およびVR（仮想現実）：「超高速（eMBB:enhanced mobile broadband）」，②１ミリ秒程度の遅延時間による自動運転および遠隔手術：「超低遅延（uRLLC：ultra reliable and low latency communication）」，③１キロ㎡あたり100万台の通信機器との同時接続によるセンサー系IoT（スマートメーターなど）管理：「多数同時接続（mMTC：massive machine type communication）」の３つの要求条件が定義づけられている[7)]。これにより，人と人をネットでつなぐ通信が中心のITから，あらゆるモノをネットにつなぐ通信としてのIoT（internet of things）へと情報化社会が変貌していくことになり，第５世代移動通信システムは幅広い産業分野に応用されうる革新的なポテンシャルを有している。

これは商品流通のチャネル・リンケージにおいても大きなインパクトを与える変革である。たとえば，物流管理の分野ではトラック輸送の隊列走行が想定されており，複数の車両（センサーデバイス搭載）を５Gの基地局経由で電波制御すれば，通信の遅延時間10ミリ秒で車間距離５メートルの安全走行が可能となる。隊列走行は先頭車両の運転手のみが搭乗するため熟練ドライバー不足解消につながり，後続車両の空気抵抗も抑制されるため燃費の削減も達成でき，輸送業界の収益性改善と環境・エネルギー対策への貢献が期待されている[8)]。また，店舗管理の分野では４Kレベルの高精細画像による顧客情報の蓄積が想定されており，売り場での顧客動線，欠品補充，鮮度管理から万引き防止にいたるまで，店舗内に設置された複数のスマートカメラがあらゆる売場状況のデータ化を実現している。ここでは，アメリカのアマゾン・ドット・コム（Amazon.com）が本社所在地のシアトルに開業したAI（artificial intelligence：人工知能）店舗「Amazon Go」について検討してみよう[9)]。

アマゾン・ドット・コムは1995年にJ.P.ベゾス（J.P.Bezos）によって創業された電子商取引サイトおよびWebサービスのベンチャー企業である。年間約3億人の利用者に約20億アイテムの商品を約40億個宅配していると推定されており，2015年にはアメリカ小売業最大手のウォルマートの時価総額を追い抜き，2017年度の売上高は1,778億6,600万ドル（前年比30.8％増），税引き後純利益は30億3,300万ドル（前年比27.9％増）と右肩上がりで急成長を遂げてきた。**図表8－4**は，アマゾンのセグメント別売上構成比である。中核事業のネット通販のみならず，電子書籍リーダー「Amazon Kindle」やタブレット端末「Kindle Fire」などの開発も手掛け，動画配信サービス「Amazon Prime Video」，音楽配信サービス「Amazon Music Unlimited」，スマホ決済サービス「Amazon Pay」，また，主に法人向けのクラウドサービス「Amazon Web Services」を世界190カ国の約100万ユーザーに販売し，ついにネットからリアルへの本格参

図表8―4　アメリカ・アマゾン社のセグメント別売上構成比

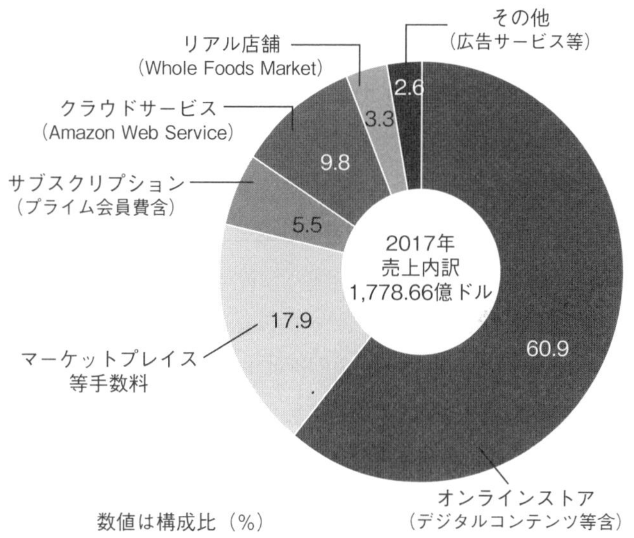

（注）アメリカSEC（証券取引委員会）へのアマゾン提出の2017年12月期報告書より作成。
（出所）「アマゾン：巨人の実像」『販売革新』商業界，2018年10月号，11頁。

図表8－5 レジがないリアル店舗「Amazon Go」の利用イメージ

（出所）日経BPムック編『人工知能＆IoTビジネス：2018-19』日経BP社，2018年，49頁。

入を目論み「Amazon Go」を多店舗展開するのではとその動向が注目されている[10)]。

リアル店舗「Amazon Go」は2016年末，本社所在地のシアトルに同社が社員向けのベータ版ショップとして開店したものである。2018年以降は一般の顧客にも開放し，レジなし店舗という新機軸のみならず，通常のコンビニエンスストアよりも高感度・高品質の商品構成が意識された店舗に併設されたキッチンで，新鮮なサンドイッチや下準備されたパッケージ料理を調理することができる斬新さが支持され，来店顧客数を順調に伸ばしている。**図表8－5**は，その店内における顧客の購買行動プロセスである。利用者は事前に「Amazon Go」アプリをダウンロードしアカウントへサインインした後，スマホに表示されたQRコードを入口の改札機に読み取らせることで個人認証とネット決済手続きが紐づけされる。顧客は1,800平方フィート（約170㎡）の店内で自由に商品を選択し，持ち込んだ自前の買い物袋などに投入し，レジに並んで会計を済ませる手間をかけることなく，そのまま店舗を出るだけの「Just Walk Out（ただ歩き去るだけ）」購買という新しい買物行動が現実のものとなっている。

店を出る時にはスマホをかざす必要はなく，退店と同時に購入品目とネット決済金額が打ち込まれたレシートがスマホのアプリ画面に表示される「No lines, no checkout（行列なし，会計なし）」を体現した画期的な小売りイノベーションと言えよう。

店内の天井には約100台以上のカメラが設置され（コンピュータビジョン），奥行きを測定する距離画像センサー（センサーフュージョン）と連動して顧客の探索動線，手の動き，肌のトーン，商品棚での滞在状況，商品接触（ヒートマップ），商品形状（パッケージ認識），購買履歴などをライブ映像として検知・見える化し，さらに，複数の顧客が商品を取得する買物行動を立体的に認識・データ化し，アプリと連携してレジなしで個人の購入品目の決済を実行するアマゾン独自開発のソフトウェアが導入されている[11)]。このように，「リアル店舗のWeb化」を推進するアマゾンは，物流センターにもAIによる機械学習およびディープラーニング（深層学習）の適用を目指しており，通信技術規格の進歩はロジスティクスやマーチャンダイジングの管理領域において急速に応用され始めている。

第5節　モバイル・マーケティングの進化と消費者行動の変化

ワイヤレス・ブロードバンドに接続されたスマートフォンやタブレット端末の普及は，従来の消費者行動パターンを大きく変化させることになる。一般的な消費者行動モデルは図表8－6に示されるように，3つの形態の変遷を経て今日に至っている。第一はAIDMAモデルであり，マス媒体による広告の刺激を受けた顧客が商品の存在を認知（attention）し関心（interest）をもつようになり，その商品に対する欲望（desire）を喚起され，記憶（memory）を保持した状態で購買行動（action）に移るという一連の態度変容プロセスを説明したものである。これは1920年代のアメリカで販売および広告の実務書を出版したS.R.ホール（S.R.Hall）が提唱した概念で，当時，一方通行的なマス媒体の情報伝達が主流の段階において実施されてきた広告プロモーション戦略における伝統的な枠組みである。

第二はAISASモデルであり，インターネットの登場以降の段階において，情報を能動的に検索し，自らの感情をソーシャルメディア（social networking service：SNS）上に発信し，さらには第三者を経由して拡散させていくことを目論むアクティブコンシューマーの出現を前提としている。これは電通が2004年に提唱した概念であり，広告による認知（attention）→関心（interest）→検索（search）→購買（action）→共有（share）といった顧客の行動プロセスが，インターネットの介在により企業や他のネットユーザーと双方向（interactive）な関係へと変質したことを意味している。先述のAIDMAにおける情報に受動的な顧客の想定とは異なり，行動をactionで終わらせず，購買経験を別の顧客

図表8―6　消費者行動モデルの変遷

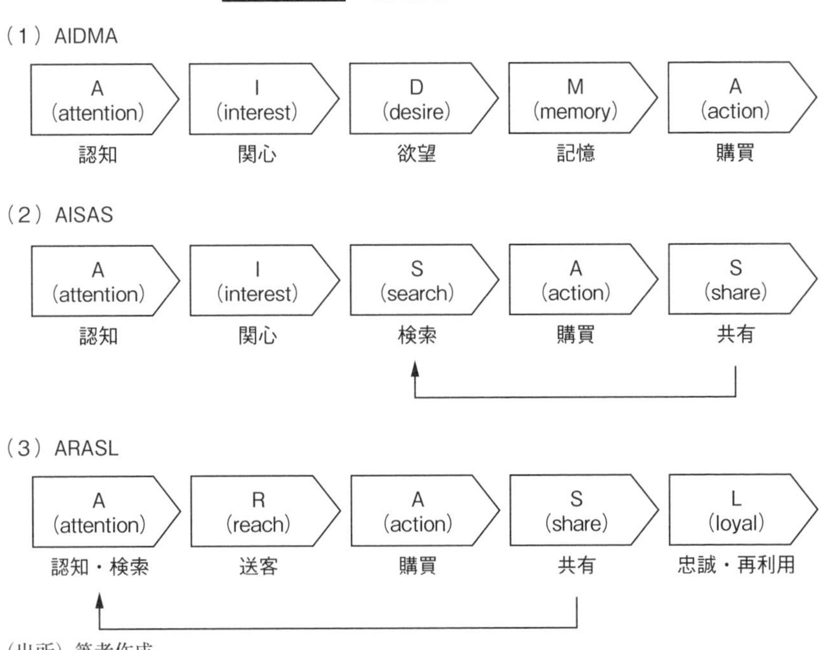

（出所）筆者作成。

のプライベートなネットワークへと拡散（spread）し共有するインタラクティブな関係を指向する能動的な顧客層の台頭が注目され始めた。Webを活用した検索と共有という２つの要素が加わることにより，企業のブランドに関する情報発信のリーチは延長され加速されていく効果が期待できるようになった[12)]。

第三はARASLモデルであり，インターネット（online）とリアル店舗（offline）の融合を目指して2012年に野村総合研究所が提唱した概念である。双方の頭文字をとってO2O（from online to offline）と呼ばれるこの態度変容プロセスでは，顧客をリアル店舗やショッピングモールおよび観光スポットなどに誘導し，現地での消費者行動に関するWeb情報を収集・蓄積・活用することに主眼が置かれている。

ARASLモデルでは，顧客はネット検索によるアクセスで商品およびサービス情報を認知（attention）することにとどまらず，Google placeやLINE@などの地図・ナビゲーション情報によりリアル店舗に送客（reach）されることを前提としている。その来店のモチベーションを上げるため，NTTドコモのショップらっとや楽天のスマポなどのように，入店と同時にアプリと連動したモバイルクーポンが顧客のスマートフォンに付与されるサービスも展開され，ネットとリアルのwin-win関係に向けた多様な仕掛けづくりの実験が各分野で繰り広げられてきた。店内の各フロアーでは等間隔にセンサーが設置され，各顧客がもつスマートフォンのデータ通信が発する電波を捕捉する位置情報システムにより，店内動線や売場および陳列棚での回遊・滞留時間などに関する膨大なテキストデータを蓄積していくことが可能となった。これらの顧客データは売場のレイアウトや商品構成，テナントミキシングの改善，さらには推奨商品やキャンペーン情報に関するダイレクトメールのネット配信などに役立てられ，IoTを駆使したone to one marketingの確立を目指す試みが進められている。

購買（action）段階においては，近年，店舗で商品の現物を品定めしてから，ネット通販で購入する消費者行動が一般化しており，リアル店舗サイドの接客対応も変化している。たとえば，ABCマートでは店内の販売員にタブレット端末を携行させ，顧客が購入を希望する商品について店頭価格よりも自社のネット通販での割引価格が有利な場合は，ネット購入を推奨するサービスを実施している。また，一定の売場面積での商品在庫に限界があるリアル店舗の短所を克服するため，各地の配送センターに在庫されている全ての商品情報（色，柄，サイズなどのバリエーション）を店頭で即座に顧客へ提供し，顧客へ配送する手続きを行い，短時間で宅配するシステム構築に同社はモバイル端末を有効に活用している。今後，リアル店舗の機能はショールーム（新製品の展示場）化していく傾向にあり，他の業態店舗においても顧客の選択の自由を優先した環境整備が重要な課題となる。

購買時の支払いについては，キャッシュレス化の進展に加えインバウンド消費も視野に入れ，スマートフォンによる決済サービスが急速に普及し始めている。Square，Coiney，Payment Meister，Amazon Pay，Anyware，PayPalHere，Alipay（支付宝）などの海外勢に加え，PayPay，楽天Pay，LINE Pay，au PAY，ファミペイ，7pay，Origami Payなどの国内勢も参入し，各社ともクレジットカード，ポイントカード，クーポンなどの機能をスマートフォンに紐づけて集約したウォレット（財布）化で，決済手段の利便性をネットユーザーにアピールしている[13)]。

インフルエンサー（influencer）化した顧客は，LINE，Twitter，Instagram，Facebook，KaKao Talkなどのソーシャルメディア上で知人と商品や店舗などの情報を共有し，好感度を示す共感の獲得を競い合いながら来店誘導を促進する役割を果たす。さらに，フォロワー群の検索および拡散が反復され続けることで送客のシナジー効果が期待できるため，結果として，インターネットとリアル店舗の継続利用による商品やサービスのブランド忠誠度（loyal）が高まり，オンラインとオフラインのwin-winパートナーシップが構築されることになる。

このように，インターネット人口はグローバルに増大し，その消費者行動は検索プロセスを軸として革新的に変化した。L.E.ペイジ（L.E.Page）とS.M.ブリン（S.M.Brin）が，スタンフォード大学大学院の在学中に執筆したWeb検索エンジンおよびデータマイニングに関する論文（*The Anatomy of a Large-Scale*

Hypertextual Web Search Engine）のイノベーションをベースにグーグルを共同創業（1998年）して以来，人々はパソコンやモバイル端末を通してビッグデータに蓄積された膨大なデータの集合から関連した情報をキーワードで容易に検索アクセスすることが可能となった。

ネット検索にはGoogle chrome，Internet explorer，Safariなどのブラウザー利用が必要となるが，アクセスと同時にクッキー（cookie）と呼ばれるデータ（①検索履歴，②IPアドレス，③使用端末）がブラウザー内に保存される。たとえば，Aさんがグーグルのポータルサイトを経由してP&GのSK-Ⅱブランドのwebサイトを閲覧すると，検索履歴がクッキーデータと一緒にデータサーバーに蓄積される。その後，AさんがYoutubeなどの動画サイトにアクセスしコンテンツを楽しんでいる最中に，スポンサー企業側および広告代理店側から当該ブランドの広告出稿・露出を依頼された動画サイト企業側がデータサーバーからクッキーデータを取得し，Aさんが以前に興味を示し閲覧していたSK-Ⅱに関するストリーミング広告を動画コンテンツに割り込ませて表示するというインタラクティブな広告コミュニケーションが既に実現している。

ネット上での検索やクリック履歴に連動し，顧客のパソコンやモバイル端末に付きまとう広告をリターゲティング（retargeting）広告と呼ぶ。スポンサー企業は広告代理店にリターゲティング広告を依頼し，さらに広告代理店はDSP（demand- side platform）企業に対して，動画サイトへのストリーミング広告出稿権をオークション（入札）方式で買い付けるよう委託する。DSPの業界には，DoubleClick Bid Manager，MicroAd BLADE，MarketOne，FreakOut，Bypassなどの各社が参入している。これはDSP-SSPアドエクスチェンジと呼ばれるネット上の市場メカニズムであり，DSPという複数の買い手側の集合体が提示する広告価格，表示方法，掲載期間，課金方式，広告サイズ，データ容量などの条件を，売り手側である動画サイト企業などの集合体，すなわちSSP（supply-side platform）の条件と突き合わせる取引システムを意味しており，両者を仲介するRTB（real time bidding）がオークション方式で落札を瞬時に自動調整する。RTBは市場入札（ターゲット顧客による動画サイトへのアクセス）

が発生するたびに，クッキーデータと連動したターゲット顧客情報および買い手側の最低入札価格などの広告出稿条件を複数のDSP企業に伝達し，最高値のオファー価格を提示したブランド広告を動画サイトに呼び出し露出する。つまり，動画サイトを閲覧しているターゲット顧客の情報が，SSPを経由してDSPに伝達され，DSPにおけるオークションの落札者がスポンサー企業および広告代理店から出稿を依頼されていたストリーミング広告コンテンツをSSPにリアルタイムで返信するかたちでリターゲティング広告が顧客に付きまとう仕組みとなっている[14)]。

世界中の人々がモバイル端末を携行しながら生活するようになった今日，個人の検索・閲覧・購買履歴のみならず年齢・性別・住所・職業・位置情報にいたるまで，消費者行動に関するWeb情報はほとんど全てビッグデータに蓄積され，IoTを駆使した企業のマーケティングが精度を飛躍的に高度化させてビジネスチャンスに活かしうる，デジタル・エコノミーの時代に突入したと言えよう。

■注

1）日本経済新聞社編『日経業界地図：2019年版』日本経済新聞出版社，2018年，14頁。

2）アナログ方式の第１世代（１G）は1970年代末に開発され，アメリカのモトローラが採用するAMPS方式が全盛であった。他方，ヨーロッパでは１Gの技術規格が多数乱立し市場拡大に失敗した経緯を踏まえ，1980年代末に標準化を目指し，ノキア，エリクソン，シーメンス，アルカテルなどがデジタル方式の第２世代（２G）となるGMS規格を導入した。加入者は約200カ国，10億人を超えるまでに普及した。１Gで先行したアメリカはIS-95（cdma方式）が登場するまで，デジタルの普及に大幅に出遅れた。また，日本ではNTTドコモのｉモードが急速に普及し，実質的な第2.5世代のレベルにいち早く到達した「極東の奇跡」として世界に注目された。

3）稲川哲浩著『21世紀の挑戦者・クアルコムの野望』日経BP社，2006年，132－

247頁。

4）「日本経済新聞」2012年9月19日付。

5）「日本経済新聞」2015年8月26日付。中国の独自規格である「TD-SCDMA」はドイツのシーメンスが，「TD-LTE」はアメリカのモトローラが広東省のファーウェイ（華為技術）と組んでシステム開発を進めてきた経緯がある。また，ファーウェイの技術開発を裏で後押ししてきたのはIBMであり，導入当初は規模の追求で利害が一致していた米中関係であったが，中国の急速な経済成長と通信イノベーションがアメリカの脅威となり始めた2018年以降は情報技術覇権と国家安全保障を巡って米中の冷戦構造が顕在化するようになった。

6）https://www.sankeibiz.jp/smp/macro/news/190530/mcb1905300655002-s2.htm「米の視線，すでに6G，5Gで劣勢，対中巻き返しへ」。アメリカ・戦略国際問題研究所（CSIS）のジェームス・ルイス氏によると，5Gの基地局などのRANと呼ばれる設備で，華為の世界シェアは31％と首位。これに29％のエリクソン（スウェーデン）や23％のノキア（フィンランド）が続く。コアネットワークと呼ばれる制御系の基幹設備でも華為は上位に位置し，米企業は端末側などの一部機器でアップルやシスコがシェア上位に顔を出す程度だ。5Gの知的財産（IP）でも中国勢が優位に立つ。独データ分析会社IPリティックスの調査では，技術標準（規格）に関する標準必須特許で，華為はトップの1,554件を保有。1,427件のノキアが2位に付け，3～4位がサムスン電子など韓国勢。5位にも中国のZTEが入った。トランプ米政権は国務省や国防総省を中心に，中国製を使った5Gネットワークから情報漏れの危険があるとして，同盟国や友好国に中国製を採用しないよう求めている。5G網整備で華為の製品などを導入すれば，同盟国であっても機密情報を共有しない厳しい姿勢もみせている。

7）日経BPムック編『すべてわかる5G／LPWA大全2018』日経BP社，2017年，4－20頁。

8）同上書，7－8頁。「新エネルギー・産業技術総合開発機構（NEDO）のシミュレーションによれば，3台のトラックが時速80キロメートルで隊列走行する場合，車間距離4メートルで15％，2メートルで25％ほど燃費が改善するという」。

9）同上書，8－9頁。コンピュータビジョン，センサーフュージョン，ディープラーニングなどを駆使して実験が行われているレジ不要のリアル店舗は，次のような機械学習の警備技術を応用して開発が進められている。「高精細な画像の活用は，鮮明な画像をやり取りできるようになることで人物や車のナンバーを特定しやすくなる。怪しい人物を見つけた時に，顔や服装の特徴など，より細かい情報を捉えられる。高精細画像は人工知能（AI）にも活用できる。綜合警備保障（ALSOK）はAIによる異常検知の警備サービスを開発中だ。画像から人物の行動の特徴点を抽出し，異変や不審行動を発見。犯罪を未然に防ぐ…同社は2017年末ごろからスカイツリーに設置したカメラで暴走車両や広域災害などを発見する高所監視の技術検証も実施する。多数のデバイスの接続は，据置型の監視カメラや警備員のウェアラブルカメラ，巡回車両，ドローンや高所に設置したカメラなど，さまざまな位置のカメラから得た映像を５Gで監視センターに集約する。ALSOKは５G基地局１基当たり上り毎秒2.5ギガビットの実効速度を想定する。４Kカメラ１台当たりの想定画像伝送量は毎秒25メガビットなので，100台の４Kカメラを接続できる。現状の４Gは上り毎秒13メガビット程度で４Kカメラを１台も接続できない」。

10)「アマゾン：12兆円の巨大経済圏」『週刊・東洋経済』東洋経済新報社，2016年３月５日号，46－89頁。2015年度の段階で，アマゾンのネット通販事業は売上高の93％（営業利益の59％），クラウドサービス事業は売上高の７％（営業利益の41％）と後者の存在感が増してきており，自社の巨大サーバーやデータセンターのシステムを活用したビジネスモデルがさらなる成長を後押しし始めている。「アマゾン：巨人の実像」『販売革新』商業界，2018年10月号，10－35頁。米アマゾンの子会社群の中で，2017年度の地域別売上高の伸び率が突出しているのは，アマゾンUK：48.8％（286億9,900万ドル），アマゾンChina：35.3％（174億9,500万ドル）である。

11）日経BPムック編『人工知能＆IoTビジネス：2018－19』日経BP社，2018年，48－49頁。一般社団法人リテールAI研究会著『リアル店舗の逆襲：対アマゾンのAI戦略』日経BP社，2018年，59頁。「AIによる画像認識の世界はアルゴリズム・ライブラリのオープン化が進んでいる。グーグルのTensorFlow（テンソルフロー）をはじめ，カリフォルニア大学バークレー校によるCaffe（カフェ），AIベンチャーのプリファード・ネットワークスによるChainer（チェイナー），最近ではソニーのNNabla（ナブラ）など，数多くのライブラリと，そのノウハウがネット上にあふれており，開発コストをほとんどかけることなく，AIの画像認識アルゴリズムを利用できる時代になってきている」。

12）https://dentsu-ho.com/articles/3100

13）岩田昭男著『ネットからリアルへO2Oの衝撃：決済，マーケティング，消費行動…すべてが変わる』阪急コミュニケーションズ，2013年，85－100頁。「O2Oの事業を展開するには，リアルの店舗に利用者を送客して販売促進費を得なければならない…2012年にヤフー・ジャパンID，ヤフー・ポイント，ヤフー・ロコなどを加えて新たなプラットフォームを作った。そして，その決済サービスの核心はヤフー・ウォレットが握る…このウォレットに，クレジットカード，ポイントカード，クーポンなどを入れて，買い物のたびに好みの決済手段を選んで使うというものだ…ヤフー・ジャパンがJCBとの業務提携を発表したのが2011年８月…JCB側からみたヤフー・ジャパンとの提携の目的は，ネット利用者をリアル店舗に誘導し，カード決済額を増やすことだ…CCC（カルチュア・コンビニエンス・クラブ）との提携も，ヤフー・ジャパンにとって極めて重要な意味をもつ。ネットショッピングを核にしたポータルサイト企業であるヤフー・ジャパンにとって，ポイント事業は大きな柱の１つだからだ…Ｔポイントを通してリアル店舗の顧客の拡大と囲い込みを図り，ネットショッピング，ポイント事業でのさらなる飛躍を図ることだ…ウォレットにポイントやクーポン，電子マネーやクレジットカードを紐づけて，JCBやセゾン，UCカードの店で買い物しても幅広くポイントが貯まるようにして，リピート利用を増やす…ネットでもリアルでも最高のおサイフを目指そうが，ヤフー・ジャパンの決済サービス部門の合い言葉になっている」。現在，ヤフー・ポイントはＴポイントに統合されている。

14）イノウ編著『広告業界のしくみとながれ：第３版』ソシム，2018年，121－123頁。「DSPで買い付ける対象は広告枠ではなく，ある特定のターゲットが対象となるアドネットワークを訪問したときのインプレッションを購入するのです。SSPとは複数のアドエクスチェンジやアドネットワークを一元管理して，自動的に広告枠を販売するためのツールです。SSPを使えば自社媒体の広告枠の販売オークションを開き，最も単価が高いDSPからの入札を判別し，広告出稿の権利を与えることができます。これにより，媒体側は広告収益を最大化できます。DSPとSSPによる取引ではRTBシステムが使われています。すなわち，媒体ページを訪問したターゲットユーザーの情報はSSPを通じてDSPに伝えられ，DSPにおけるオークションの落札者の情報がSSPに返信されることでリアルタイム取引が可能になっているのです」。

【参考文献】

N.Baran, *Inside the Information Superhighway Revolution*, Coriolis Group Books, 1994.（勝又美智雄訳『情報スーパーハイウェイの衝撃：ビジネス・社会はこう変わる』日本経済新聞社，1994年）。

D.Tapscott, *The Digital Economy：Promise and Peril in the Age of Networked Intelligence*, McGraw-Hill, 1996.（野村総合研究所訳『デジタル・エコノミー：ネットワーク化された新しい経済の幕開け』1996年）。

江戸雄介著『情報スーパーハイウェイの覇者：日本情報産業生き残りの道』ディーエイチシー，1994年。

米国商務省著『デジタル・エコノミー：米国商務省リポート』東洋経済新報社，1999年。

炭田寛祈著『電波開放で情報通信ビジネスはこう変わる：電波開放戦略のすべて』東洋経済新報社，2004年。

中嶋信生・有田武美著『携帯電話はなぜつながるのか：知っておきたいモバイル音声＆データ通信の基礎知識』日経BP社，2007年。

友澤大輔著『ユーザーファースト：テレビとスマホの視線争奪戦を生き抜くマーケティング思想』日経BP社，2013年。

岩田昭男著『ネットからリアルへO2Oの衝撃：決済，マーケティング，消費行動…すべてが変わる！』阪急コミュニケーションズ，2013年。

松浦由美子著『O2O，ビッグデータでお客を呼び込め！：ネットとリアル店舗連携の最前線』平凡社，2014年。

神武直彦・関治之・中島円・古橋大地・片岡義明著『位置情報ビッグデータ：ウェ

アラブルコンピューティング時代を切り拓く』インプレス，2014年。
坂村健監修『コンピューターがネットと出会ったら：モノとモノがつながりあう世界へ』角川学芸出版，2015年。
横山隆治・楳田良輝著『リアル行動ターゲティング』日経BP社，2015年。
広瀬信輔著『アドテクノロジーの教科書：デジタルマーケティング実践指南』翔泳社，2016年。
日経BPムック編『すべてわかる5G／LPWA大全2018』日経BP社，2017年。
田中道昭著『アマゾンが描く2022年の世界：すべての業界を震撼させるベゾスの大戦略』PHP研究所，2017年。
一般社団法人リテールAI研究会著『リアル店舗の逆襲：対アマゾンのAI戦略』日経BP社，2018年。
竹内哲也著『統合デジタルマーケティングの実践：戦略立案からオペレーションまで』東洋経済新報社，2018年。
日経BPムック編『人工知能＆IoTビジネス：2018－19』日経BP社，2018年。
イノウ編著『広告業界のしくみとながれ：第3版』ソシム，2018年。
日経広告研究所編『広告ってすごい！がわかる人気講座vol.1』日経広告研究所，2018年。
「ケータイ大国が変わる！」『週刊・ダイヤモンド』ダイヤモンド社，2004年1月24日号。
「端末，キャリア，半導体に大変化：ケータイ戦線異状アリ！」『週刊・東洋経済』東洋経済新報社，2004年8月21日号。
「通信激震：ソフトバンク携帯進出」『週刊・エコノミスト』毎日新聞社，2004年8月24日号。
「電話，ケータイ，インターネット：通信はどこまで安くなるか」『週刊・東洋経済』東洋経済新報社，2004年11月20日増大号。
「2006年・新ケータイ戦国時代突入：ドコモを倒すのは俺だ！」『週刊・東洋経済』東洋経済新報社，2005年7月23日号。
「NTT帝国復興？」『週刊・東洋経済』東洋経済新報社，2005年12月17日増大号。
「ドコモ失速，電機全滅・ケータイ大国の幻想：2007年，生き残りへの死闘」『週刊・日経ビジネス』日経BP社，2006年1月16日号。

「ケータイ2.0の衝撃」『週刊・ダイヤモンド』ダイヤモンド社，2006年11月25日号。

「始まった電波の空き帯域争奪」『週刊・エコノミスト』毎日新聞社，2010年６月22日号。

「IoT発進！：白熱する170兆円市場・分捕り合戦」『週刊・東洋経済』東洋経済新報社，2016年９月17日号。

「半導体の覇者：熱狂する世界，沈む日本」『週刊・東洋経済』東洋経済新報社，2017年５月27日号。

「日本経済の試練：EVショック」『週刊・東洋経済』東洋経済新報社，2017年10月21日号。

「パナソニック・トヨタが挑むEV覇権」『週刊・ダイヤモンド』ダイヤモンド社，2017年10月21日号。

第9章

シリコンバレーにみる起業支援環境

第1節　ベンチャービジネスとベンチャーキャピタル

ベンチャービジネス（VB：venture business）あるいはスタートアップカンパニー（startup company）と一般に呼ばれる経営体は，硬直的な体質をもつ既存のビッグビジネスが対応しきれない市場の間隙を縫うかたちで創業し，革新的な技術やノウハウを駆使して未開拓の潜在需要に機敏なアクセス行動を展開する特徴をもつ[1)]。

1990年代後半に，アメリカのシリコンバレー（silicon valley）やルート128ベンチャーグループ（The 128 venture group）などの企業集積コミュニティを中心に急増したITベンチャーは，大学で先端技術を学んだ若手研究者が構想した有望なビジネスモデルに向けて，個人投資家（エンジェルと称される富裕層の余剰資金が中心）やベンチャーキャピタル（VC：venture capital）などが資金を供給することで起業が可能となり，創業当初は中小企業として船出しながら企業価値を高め，急速な成長を遂げるケースが注目されている。

シリコンバレーの発祥は，1939年にスタンフォード大学教授のF.ターマン（F.Terman）が教え子のウィリアム・ヒューレット（W.Hewlett）とデビッド・パッカード（D.Packard）に起業を勧め，資金調達の支援や大学研究施設の貸与などを通じてHewlett‐Packard（HP）社が設立されたことに遡ることができる。カリフォルニア州地域の産業振興と東部への頭脳流出の抑制を目論み，産学協同の伝統を築き上げてきた同大学から産声を上げたベンチャービジネスとして，Cisco Systems，Silicon Graphics，Sun Microsystems，Netscape Communications，Yahoo，Googleなどのハイテク企業をあげることができる[2)]。

資金調達は新興企業向け店頭登録市場・ナスダック（NASDAQ：national association of securities dealers automated quotations）などの開設が追い風となり，直接金融による有限責任の関係で債務負担を回避できる投資環境の整備に支えられ，旧来からの銀行融資などの間接金融の場合と比較して，信用度の低い現役の大学院生や研究者にもビジネスチャンスに果敢に挑戦しうる門戸が開かれるようになり，インターネット，ソフトウェア，ITインフラ，集積回路，バイオテクノロジー関連の創業が顕著となっている。

ベンチャービジネスを牽引する起業家の特徴を描写した次の文章は興味深い。「投資家の資金を使って経営者がナードたちを雇用する。良いプログラムさえ書いてくれれば，どんな髪型をして，どんな時間に仕事をしてくれたって構わない。何日も風呂に入らずに臭くても，良いプログラムを書いてくれるのなら我慢する。そんな価値観が，シリコンバレーの文化の根源にある」[3)]。ナード（nerd）とは，このような一風変わった特徴をもつ人々を指す英語圏のスラングで，Microsoft（MS）社のW.H.ゲイツ（W. H. GatesⅢ）もまた元ナードであったことはよく知られている。

シリコンバレーには，そんなナードたちの価値を正当に評価し億万長者に変貌させる特殊な土壌がある。ベンチャー関連株への投資はハイリスク・ハイリターン的な性格を帯びるがゆえに，IBM社やExxon Mobil社に代表される旧来型産業の安定株が上場するニューヨーク証券取引所（NYSE：New York Stock Exchange）に対し，ナスダックはリスクマネーを引き受ける株式市場として機能しており，ナードら起業家たちの登竜門と位置づけることができよう。

ベンチャービジネスの企業価値向上を支援するリスクファイナンスの供給を目的として，1946年に設立されたARD（american research and development）や政府主導のSBIC（small business investment company）などがアメリカにおけるベンチャーキャピタルの先駆けとなり，現在では多様な形態の投資事業がグローバルに展開されている。

ベンチャーキャピタルの目的は，高い成長性が見込まれる未上場のベンチャービジネスに投資し，企業価値を向上させた段階で株式公開（IPO：initial public offering：証券取引所への新規上場あるいは店頭登録）させ，時価総額が上昇した時点で早期に持ち株を証券市場で売却するか，または事業自体を外部企業に買収させることで，支援の成果としてのキャピタルゲイン（売却代金と投資資金の差額）を回収することにある。ベンチャーキャピタルには，自社の潤沢な自己資金を直接投資する形態や，一般の金融機関および機関投資家などの外部資金を募って受託運用する投資事業組合（ファンド）の形態を取る組織もあり，担保や信用力が脆弱なベンチャービジネスにとって重要な資金調達先となっている。図表9－1は，アメリカのベンチャーキャピタルによる投資額について，1994年から2012年までの変遷をたどったものであるが，同国におけるイノベーション拠点および経済の成長エンジンとしてのシリコンバレーの重要性が明らかにみてとれる。

投資先への支援のプロセスは4つの段階に分類できる。第一段階はスタートアップ期であり，設立・開業・研究開発資金の提供とともに，事業コンセプト

図表9－1　アメリカのベンチャーキャピタルによる投資額

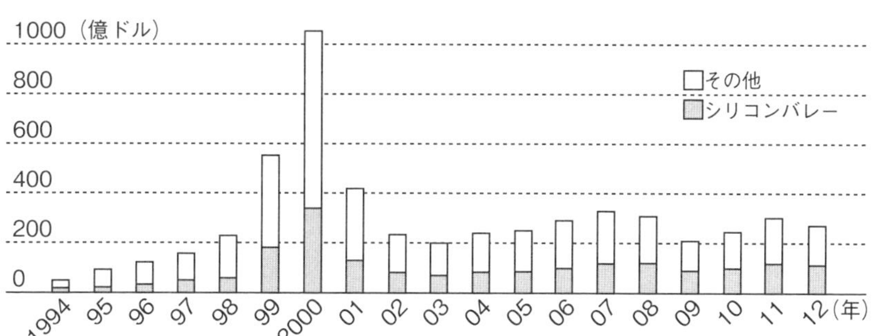

（出所）『日経ビジネス』日経BP社，2014年1月20日号，35頁。
（原典）Thomson Reuters.

および事業計画の策定や最適経営チームの組成支援が行われる。第二段階は急成長期であり，短期の運転資金の安定化や長期の設備投資など，営業活動にともなう成長資金の提供とともに，販売チャネルの開発支援や専門技能人材の紹介斡旋を含む人的資源管理などの業務効率化支援が中心となる。第三段階は株式上場直前期であり，資本構成の是正資金提供による財務体質の強化や経営権確保に向けた資本政策が推進され，株式上場準備に要するコンサルティングが行われる。第四段階は株式上場以降期であり，株式公開後はベンチャーキャピタルの資金提供が原則停止する。それに代わって公募増資支援や株主を意識した適正な情報開示コンサルティングが行われ，株主資本利益率（ROE：return on equity）の向上を主眼とした戦略を維持しつつ，外部企業との戦略的提携やM＆Aを視野に入れた仲介サービスへと支援の軸足をシフトしながら好条件の資金回収方策を模索するのである[4)]。

第2節　ベンチャービジネス支援環境の整備とスピンオフ

ベンチャーキャピタル以外にも，主にスタートアップ期の企業に資金提供および事業支援を行うエンジェルと呼ばれる富裕層の個人投資家（informal investor）たちが存在している。エンジェルはファンドとは異なり，他者が出資した資金を運用するのではなく，財を成し第一線から退いた起業家が自己資金をベンチャービジネスへの投資に回すのが一般的である。この名称はニューヨークのブロードウェイ・ミュージカル制作に資金提供する後援者（patron）を天使（angel）と呼んできた歴史に由来しており，今日もなおアメリカには進取の気性を育成する文化的土壌が脈々と受け継がれている。

図表９－２は，アメリカのエンジェルによる投資額および設立会社数について，2002年から2012年までの変遷を表したものである。2008年９月のリーマンショック前後の一時期を除けば，ほぼ毎年コンスタントに200～250億ドルの投資額が維持され，設立会社数も右肩上がりで増加している。同国では早くから

エンジェル税制が導入されており，株式未公開のベンチャービジネスへの投資に対しては税制上の優遇措置がとられ，資産家にとっての環境整備も日本より遥かに進んでいることが旺盛な投資意欲を支える経済的土壌となっているものと推測される[5)]。

シリコンバレーではR.コンウェイ（R.Conway）やA.カッチャー（A.Kutcher）が成功したエンジェル投資家として有名である。ロン・コンウェイは初期段階のGoogle，PayPal，Twitterの土台作りに資金貢献し，さらにはFoursquare，Digg，Mint，Blippy，Y-Combinatorなど数多くの成長企業に投資している。また，アシュトン・カッチャーは映画「Steve Jobs」でジョブズ役を演じ，私生活では女優デミ・ムーア（Demi Moore）と離婚した俳優として知られているが，FlipboardやAirbnbなどのベンチャービジネスに積極投資する異色のエンジェルとして活躍している。

これら主に資金面でのサポーターに加え，アメリカでは起業家を支援するインキュベーション（incubation：孵化器）の概念や制度が普及しており，ハード面では事業スペース，研究設備，機械装置などの安価なリース，ソフト面では経営コンサルティング，市場調査，特許取得・法務・税務のアドバイスなどを

図表9－2　アメリカのエンジェルによる投資額および設立会社数

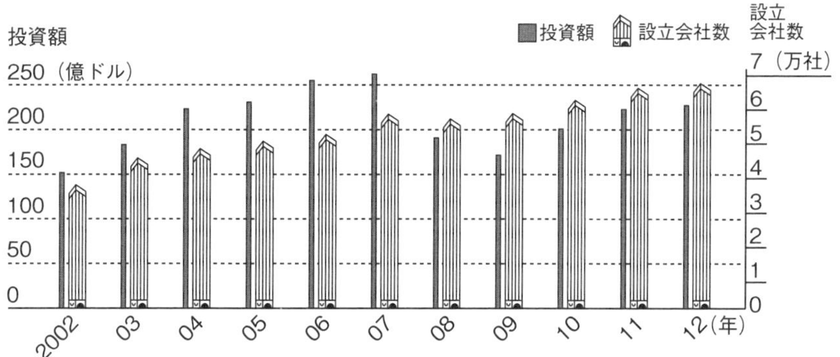

（出所）『日経ビジネス』日経BP社，2014年1月20日号，35頁。
（原典）Center for Venture Research at the University of New Hampshire.

提供するインキュベーター（incubator）の整備が充実している。TechStars Boulder，Kicklabs，i/o Ventures，Excelerate Labs，AngelPad，500 Startupsなど全米上位のインキュベーターと関わることで，起業家はベンチャーキャピタルから一定の評価や信頼を得るメリットがある。近年では日本でもサムライインキュベート，ムゲンラボ（KDDI∞LABO），フェムト・スタートアップ，ネットエイジ，モビーダジャパンなど，投資をともなう若手起業家の育成に着手する組織も増加しつつある[6)]。

ところで，シリコンバレーのようなハイテク産業集積が形成されるにいたった主要な契機には，最初に設立された企業からのスピンオフ（spin-off）が深く関与している。これは既存組織から派生した別の組織を意味しており，ある企業のプロジェクトに参画した一部の技術者がさらなる柔軟性を求めて母体組織から離脱し，独立したスピンオフがベンチャービジネスを輩出する。それらが群生することでクラスターが形成されてきたケースはカリフォルニア州サンディエゴやテキサス州オースティンなど各地域で見られる[7)]。

図表９－３は，1992年から2002年にかけてのアメリカ西海岸シリコンバレー（スタンフォード大学，カリフォルニア大学周辺）および東海岸ボストン（マサチューセッツ工科大学，ハーバード大学周辺）の両地域におけるスピンオフ起業の実態を調査したものである[8)]。これはベンチャーキャピタルの支援によって創業した各地域のスピンオフ企業数とその起業家数を表したもので，独立以前にはどこの母体組織に所属していたのかを追跡している。たとえば，Apple社からは94名の起業家が71社のスピンオフ企業を立ち上げたことを示しているが，１社を複数の起業家で設立する場合や，逆に１人が複数の企業を設立する場合があるため，双方の数値は一致しない。この期間における起業家数はシリコンバレーが2,492名，ボストンが1,157名となっており，東海岸に対する西海岸のベンチャー創業の優位性を物語っている。

優れた技術集団には連鎖的にイノベーションが増殖していく土壌が存在する。その典型的な成長プロセスへのメカニズムがシリコンバレーには備わっている。そこで次節では，同地域における著名なITベンチャービジネスの創業事例を

図表9—3　シリコンバレーおよびボストンにおける先端企業・研究機関からのスピンオフ企業数・起業家数

	シリコンバレー[a]			ボストン地域[b]	
	社内起業家数	スピンオフ企業数		社内起業家数	スピンオフ企業数
先端企業					
Apple	94	71	Data General	13	13
Cisco	41	35	DEC	52	41
HP	117	99	EMC	9	6
Intel	76	68	Lotus	29	26
Oracle	73	57	Prime	5	5
SGI	50	37	Raytheon	7	7
Sun	101	79	Wang	11	11
IBM	82	77	IBM	23	23
先端研究機関（大学）					
Stanford	71	64	MIT	74	63
UC Berkeley	20	20	Harvard	32	31

（注）aはシリコンバレーの起業家数：2,492名。
　　　bはボストン地域の起業家数：1,157名。
（出所）J.Zhang, *High-Tech Start-Ups and Industry Dynamics in Silicon Valley*, Public Policy Institute of California, 2003, p.50.

もとに，イノベーションの発生，コミュニティの役割，スピンオフ行動，産業クラスター形成にいたる相互の関連性と展開要件について検討する。

第3節　イノベーションが自生する環境と起業家精神

元来，ベンチャー（venture）の語意には冒険的で向こう見ずな意味合いが込められており，リスキーな行為を敢えて大胆に実行することで状況を打破することが予期された言語である。かつて，J.A.シュムペーター（J.A.Schumpeter）

は，資本主義経済の発展の原動力を起業家による創造的破壊のプロセスに探ろうと試みた。それは旧来の生産方法から脱却し，絶えざるイノベーションにより経済構造を内発的に進化させる産業上の突然変異と捉えられ，具体的には5つの新機軸の遂行が発展を後押しすると主張している。

第一は，新製品の開発，第二は，新しい生産方法の導入，第三は，新しい販路の開拓，第四は，原材料やエネルギーの新たな供給源の発見，第五は，産業組織の再編成である[9)]。これら諸要素の結合が生み出す有利な競争的地位の形成が利潤の源泉となり，動的経済における不確実性のもとで危険負担を引き受けながらも，営利追求を目的として新機軸を打ち出す起業家精神（entrepreneurship）の衝動こそが，資本主義経済の成長エンジンを駆動させるのである。

「経済における革新は，新しい欲望がまず消費者の間に自発的に現われ，その圧力によって生産機構の方向が変えられるのではなく，むしろ新しい欲望が生産の側から消費者に教え込まれ，したがってイニシアティヴは生産の側にあるというふうに行われるのが常である」[10)]。マーケットには顧客の意識界に昇ることのない無意識界のニーズ，すなわち潜在需要の広大な裾野が広がっている。Apple社のiPhoneやiPadが事前の市場調査から発明されたのではなく，若き日のS.P.ジョブズ（S.P.Jobs）の独創的なアイデアが最先端の情報技術と結びついて商品化され，新しいライフスタイルを提案（啓蒙）するかたちで顧客に受容されていった経緯はその典型事例と言えよう。

当初はスタートアップ段階から船出した中小企業（small business）群がもたらしたロジック，メモリー，サーバー，ルーター，オペレーティングシステム，ブラウザなど，シリコンバレーという環境（生態系）で自生したプロダクト・イノベーションの連鎖は，起業家たちの先見性に基づくビジョンに引き摺られるかたちで，インターネットによるIT（information technology：情報技術）革命に集約され，グローバルな次元での巨大なマーケットを創出していったのである。

スモールビジネス・マーケティングの特質について考察する場合，アメリカ西海岸発祥のシリコンバレー型スタートアップカンパニーと，東京・大田区や東大阪市周辺に密集する日本型のいわゆる下請企業との間には，その行動様式に大きな差異が存在することに注意する必要がある。

わが国の史的展開の中で醸成されてきた経営の二重構造（大企業と下請関係にある中小企業群）論は，高度経済成長期以降，日米の貿易不均衡拡大に端を発する資本自由化問題に対処するため，安定株主工作（株式持合い）による外資への参入障壁構築が強固な系列関係の持続化を招いた特殊事情に由来する。かつて，有沢広巳教授は中小企業の経営を「非近代的分野の停滞性」と分析した[11)]。特に雇用問題について，欧米先進諸国のような単一で同質の近代的雇用とは異なり，下請関係の一方的な値下げ圧力のもとで低賃金労働を強いられる零細な中小企業および自営業者の存在が不況期における失業者の受け皿となっており，統計上，失業率を低く抑える結果を招くという，経済構造の深刻な断層を指摘した。

雇用問題にとどまらず，中小企業のマーケティング行動もまた非近代的様相を帯び，親会社の方策に規定される傾向が強く，系列内部での取引関係および製品仕様や価格設定など細部にわたる取引条件の大幅な制約を受ける範囲内での自由裁量度しか許容されない構図となる。1990年代後半に入り，アメリカのIT革命が世界市場を席巻する成功を収め，日本の半導体産業が凋落をみせ始める中で，シリコンバレー型のベンチャービジネスを模範とする中小企業が徐々に姿を現し始めはするが，今なお，マネジメントの諸領域における二重構造的特質は，わが国経済の抜き難い底流を成していると言えよう。

他方，初期シリコンバレーのIT起業家たちの意識の中には，東海岸vs西海岸，IBMやRCAなどのビッグビジネスvsスモールビジネス，軍事・研究用メインフレームコンピュータvsパーソナルコンピュータといった暗黙の対立軸が存在し，その両極に引き裂かれた逆境の超克を志向する衝動をアントレプレナーシップに昇華し，ビジネスチャンスに結び付けるかたちでベンチャー創業が続出していった。

そこには日本のような垂直統合モデルの大企業支配体制や，スピンオフを抑制しがちな終身雇用および年功制を残存させた流動性の低い知識労働市場などの制度的制約は全く存在しなかった。彼らの衝動の奥底にはベトナム反戦運動を端緒とするカウンターカルチャーの影響が根強くあり，自宅の小さなガレージに工具と電子部品を持ち込んでユニークな試作機を何度も組み立て，プログラムを繰り返し書き換える努力を惜しまずに，マニア仲間の賞賛を浴びることに大きな喜びをみい出しながら自己を実現していった。これらの奇妙な人々の集まり，すなわちナードたちのコミュニティがシリコンバレー胎動の土壌となっている。

1975年1月号として刊行されたホビー雑誌『ポピュラー・メカニクス』は，そんな彼らに大きな衝撃を与えた。当時は未だコンピュータは軍事施設や研究機関の占有物であり，自分の部屋にコンピュータが欲しいなどと口走ると物笑いの種にされそうで沈黙していた人々の目に飛び込んできた特集記事には，世界初のパーソナルコンピュータ・キット「アルテア8800」が掲載されていた。個人専用のコンピュータを所有し，部品交換やプログラムアレンジを楽しみながらゲームや仮想空間で自由に遊びたいという電子マニアの切実な夢は，この快挙によって後戻りのできない具体的な欲望へと変貌し，全米に一大ブームが巻き起こった。

アルテア・ブームの火付け役は，ミサイル用の遠隔計測機を製造していたModel Instrumentation Telemetry System（MITS）社であり，回路基板内部にはIntegrated Electronics（Intel）社のマイクロプロセッサー8080を搭載し，さらに，いち早くソフト市場を予見したビル・ゲイツがアルテア専用BASICソフトを開発することでMicrosoft社を創業する。大型コンピュータ向け半導体需要が頭打ち状態であったIntel社にとって，新しい波は市場拡大への千載一遇のチャンスとなる。その時点では，世界中の情報関連産業がこの大きな潜在需要を完全に見落としており，全く手付かず状態の中での独走となった。ホビイストたちはIBM社に代表される「体制派」コンピュータの支配から脱却し，パーソナルユースにコンピュータを解放することで新しく自由な文化を創造しうるというカウンターカルチャーの信条に支えられ，各地域に同志の情報交換の場として複数のコミュニティが形成されていった[12)]。

『ポピュラー・メカニクス』誌のアルテア特集が出版されたその年の３月には，シリコンバレーのメンロ・パークにも「ホームブリュー・コンピュータクラブ」という自家醸造（テクノロジーとカウンターカルチャーの融合）を志とするコミュニティが誕生した。日頃，メンバーたちは会合で自前の技術を披露し合うのであるが，あるマニアがアルテアのノイズ音で音階をプログラミングし，メモリーに記憶させたビートルズの『The Fool On The Hill』をパソコンに演奏させ皆を驚愕させた記念碑的な逸話は有名である。そのホームブリュー例会の出席者の中に，ベトナム農民を連想させるようなカジュアル過ぎる風体の「二人のスティーブ」も参加していた。当時，HP社のエンジニアであったS.G.ウォズニアック（S.G.Wozniak）とビデオゲームメーカー・Atari社のスティーブ・ジョブズである。

このコミュニティで，ハイテクフリークのウォズニアックがマイクロプロセッサーの仕様書を見たことが発端となり，エキサイティングなゲームを自前のパソコンでプレイしたい一心で，アルテアをベースとした回路基板にキーボードやディスプレイ，さらにはカラーグラフィック機能までパッケージしてデスクトップ型コンピュータを一気に完成させた。このプロトタイプは後に製品第一号「Apple I」と命名され，1976年のエイプリルフールにジョブズの自宅ガレージでApple社が創業された。このように，コミュニティはイノベーションを自生させる生態系（エコシステム）として，また，スタートアップを連鎖的に飛翔させる土壌として機能してきたのである[13)]。

コミュニティにおけるモチベーションの源泉は，社交性に欠け自己に自信を持てないタイプの技術オタクたちが劣等感を払拭するため，卓越した技術力で仲間の注目を浴びプライドを満足させたいという自己顕示欲に探ることができよう。しかし，起業し組織を形成した段階でエンジニアとなった彼らのモチベーションは，どのように高揚し続ければよいのだろうか。その解決策としてシリコンバレーのIT企業の多くが導入した技法がストックオプション（stock option）である。

第4節　ストックオプションの導入と創業ハードルの克服

ストックオプションとは自社株優先購入権，すなわち予め決められた約定価格で自社の株式を買い取る権利を意味しており，業績に貢献した経営者や従業員に対するボーナス（賞与）として利用する企業が多い。自社の成長により手持ちの株価が上昇すれば個人の資産価値が増え売却益が期待できるため，一種のインセンティブとして社員のモラール（士気）向上意欲に結び付けることができ，株式の店頭公開を目指すベンチャー企業の人材確保手段に適している。たとえば，1977年1月に法人化したApple社の市場価値は5,309ドルであったが，その後4年も経たない1980年12月には株式公開を果たし，市場価値が17億9,000万ドルと約34万倍に膨れ上がり，ストックオプションによる利益享受で300人程の大金持ちが社内に生まれている。この時，25歳のスティーブ・ジョブズは2億5,600万ドルもの個人資産を手中に収めている[14)]。日本では導入が大幅に遅れ，1997年の商法改正時に解禁されており，会社法上は新株予約権の形で実施される（会社法236条～294条）。

1968年に設立されたIntel社では既に，技術者全員と事務職員の大半にストックオプションが与えられ，創業まもない会社への求心力と社員の自覚を助長し，個人のモチベーションが最大限に発揮できる体制を整えていた。これは創業者の1人であるR.N.ノイス（R.N.Noyce）がFairchild Semiconductor International社の在籍当時に経験した東部大企業型の階層的な組織優先マネジメントに対するアンチテーゼとして導入したものであり，カリフォルニアの気風に合わせ個人の発意を尊重する姿勢に根差した企業観の一つの実践であった[15)]。同社からはフェアチルドレンと称される技術者たちが次々と外部にスピンオフし，シリコンバレー内にスタートアップやベンチャーキャピタルを起業した例が数多く存在する。Intel社もまたFairchild社のスピンオフ企業であった。

わが国においても，近年のベンチャーブームの波に乗り勤務先の会社で技術と人脈を蓄積した上で，果敢にスピンオフ起業する事例が増加し，少子高齢化で縮小傾向にある国内市場を避け，設立当初から海外市場のニッチな領域をターゲットとして進出するボーン・グローバル（born global company）と呼ばれるスタートアップも登場し始めている。長山宗広教授は，日本型スピンオフ・ベンチャーの持続的な創出条件を実態調査に基づき究明する際に，実践コミュニティ（communities of practice）という鍵概念を導入し，スピンオフ起業家にとっての学習環境の特質を3つの発展段階で分類している[16)]。

①　1970年～80年代における大企業組織内の技術者コミュニティ。

②　90年代におけるスピンオフ・ベンチャーの組織の境界を超えた企業家コミュニティ。

③　2000年以降現在における母体組織（大企業）とスピンオフ企業家のWin-Win関係をベースとした地域での企業家コミュニティ。

図表9－4は，浜松ホトニクス社（母体企業）からのスピンオフ連鎖による産業クラスター（浜松地域）の形成過程を示している。各社が展開する光電子技術分野は画像処理装置，光センサ，光ファイバー検査装置，レーザーレジスト剥離装置，医療用ナレッジマネジメントシステムなどで，エンジニアが母体企業でコア技術を習得した後に配属されていた技術部またはシステム事業部と関連性の深い分野で連鎖的にスタートアップを創業させていることが読み取れる。浜松ホトニクス社はエンジニアのための学習環境を整える目的で従来型の社内ベンチャー制度を発展させ，組織離脱とスピンオフ創業を前提とした光産業創成大学院大学を設立し，意識的に実践コミュニティの提供を図っている。これは先述の③におけるWin-Win関係に該当し，創業予備軍のイノベーションを母体企業につなぎ止めるかたちで組織的知識創造を実現していける先行モデルとして評価されている[17)]。新しいビジネスが生まれなければ，その国の経済は衰退に向かう。その意味で，コミュニティの創出はイノベーション主導型経済にとって重要な課題となる。

しかし，グローバルな競争環境からの視野で眺めた場合，わが国における起業の停滞は深刻な状況にある。アメリカ・バブソン大学とイギリス・ロンドン

図表9－4　浜松ホトニクスからのスピンオフ連鎖図（浜松地域の光電子集積）

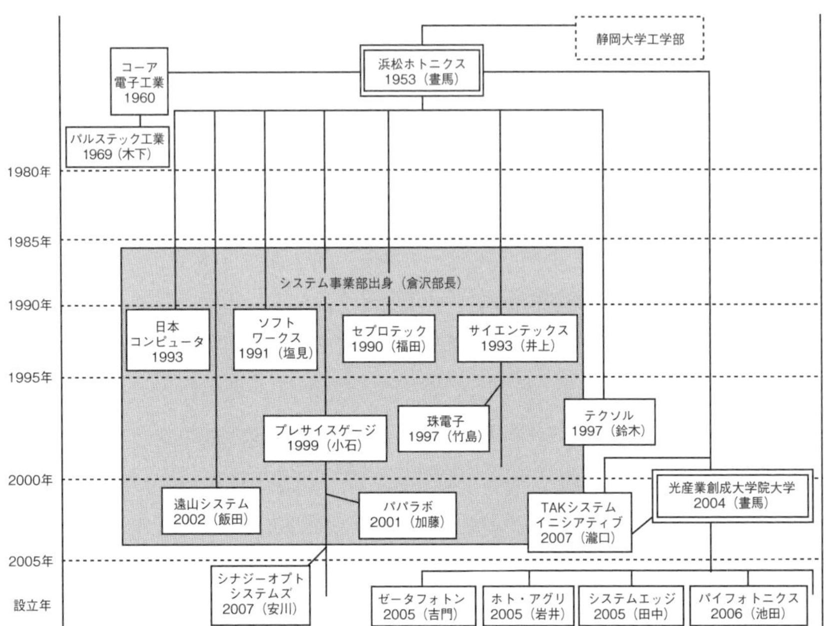

（注）括弧内は社長名，敬称略。
（備考）各社に対する長山教授のヒアリング調査。
（出所）長山宗広著『日本的スピンオフ・ベンチャー創出論：新しい産業集積と実践コミュニティを事例とする実証研究』同友館，2012年，142頁。

ビジネススクールが毎年共同で実施している総合起業活動指数（global entrepreneurship monitor）によれば，2012年の調査対象となった世界68カ国・地域の中で日本は最下位の68位という結果となっている[18)]。他方，パロアルトやマウンテンビューを中心とするシリコンバレーでは依然として起業が相次いでおり，地価高騰のリスクを回避する目的で次世代のスタートアップはオフィスを求め北上を続けている。2010年以降，サンフランシスコ市におけるハイテク産業の雇用数は銀行・金融業のそれを大きく上回っており，ハイテクの聖地はかつての金融都市・サンフランシスコに向けて膨張を続けている。

ここ数年にわたり，顕著となっているシリコンバレーの増殖は，起業のハードルを下げるための支援環境の変化に支えられており，主な要因として資金調達プラットホームの新しい２つの形態の登場が注目されている。

その第一はシードアクセラレーター（seed accelerator）と呼ばれ，P.グレアム（P.Graham）のY-Combinatorが設立された2005年が最初とされる。同社はスタートアップ企業のシード段階に特化して出資し，その立ち上がりを支援している。投資額は３万～５万ドル程度と比較的少額であるが，ビジネスモデルの完成度を上げるための指導が集中的に実施され，外部の投資家に対して追加出資を募るプレゼンテーションの場であるDemo Dayまでの３カ月間で養成プログラムを完了する仕組みとなっている。営利型インキュベーターという別称もあり，登記後はベンチャー企業への出資額に見合う株式取得を行うが，所有比率は数％にとどめている。

また，起業家への訓練はメンター（mentor）制度によってサポートされ，専門領域に関するノウハウに優れた現役の経営者や成功を収めた起業家などを派遣する。

第二はクラウドファンディング（crowdfunding）であり，インターネットを通じて不特定多数の人々に少額投資を呼びかけ，起業家が掲げる資金調達期限を満たし，目標最小金額に達した段階でプロジェクトを実行できるように仲介する資金調達プラットホームである。世界最大規模のクラウドファンディングとして著名なのがニューヨークに本社を構えるKickstarterで2009年に設立されている。たとえば，同社の購入型クラウドファンディングでは，あるプロジェクト創設者の発明品開発への出資者の資金提供に対する見返り（リターン）は，新製品のお試し権との引き換えに限定されており，金銭的リターンをともなうプロジェクトのバックアップは排除されている。Kickstarterは出資金の収集をAmazon Paymentsに委託しており，両社とも資金調達額の数％を徴収するビジネスモデルとなっている。

このように，シリコンバレーでは一般的な金融機関が融資を渋るプロジェクト案件の芽を摘むことなく，資金調達の多様化と起業コストの低廉化で有望なスタートアップを支援する動きが活発化している。また，既にビッグビジネス化を果たしたITベンチャーがイノベーションの囲い込みを目論み，シード段階からスタートアップ投資に関与し潤沢な資金力で買収に踏み切るケースが続出している。Google VenturesやIntel Capitalなどに代表される大手の傘下企業を通じてクラウド事業，ウエアラブル機器，ヒト型ロボット，位置情報システム，無人運転，遺伝子解析にいたるまで，近未来技術の市場化が急ピッチで進められている。

起業家を育成するコミュニティの整備，インキュベーション支援の充実，資金調達プラットホームの多様化，成長エンジンとしてのエンジニアのモチベーション高揚に向けたマネジメント技法の開発および導入など，成長鈍化への危機感を背景にハイテク聖地で積極的に推進される起業支援環境の高度化の数々は，ベンチャー活動の停滞状況に直面するわが国にとって早急に対策が講じられるべき喫緊の課題と言えよう[19)]。

■注

1）わが国においてベンチャービジネスという用語が使われ始めたのは1970年代初頭からであり，その概念はアメリカから導入されたものではない。清成忠男教授は「ベンチャービジネスとは，知識集約的な現代的イノベーターとしての中小企業である」とし，巨大企業グループの系列下・下請関係に置かれた既存の中小企業と対比させるために定義付けられた和製英語である。清成忠男著『ベンチャー・中小企業優位の時代』東洋経済新報社，1996年，78頁。なお，清成忠男他共著『ベンチャー・ビジネス：頭脳を売る小さな大企業』日本経済新聞社，1971年は，その研究の先駆けとなった著書として有名である。

2）宮田由紀夫著『アメリカにおける大学の地域貢献：産学連携の事例研究』中央経済社，2009年，69－104頁。

3）梅田望夫著『シリコンバレー精神：グーグルを生むビジネス風土』筑摩書房，2006年，183－184頁。

4）松田修一著『ベンチャー企業〈第３版〉』日本経済新聞出版社，2005年，136－143頁。

5）http://paulcollege.unh.edu/center-venture-researchのThe Angel Investor Market in 2002－2013：A Return to Seed Investing参照。

6）アニス・ウッザマン著『スタートアップ・バイブル：シリコンバレー流・ベンチャー企業のつくりかた』講談社，2013年，206－210頁。

7）宮田由紀夫著，前掲書，18－19頁。当該企業の経営者が独立する以前に所属していた既存組織との関係性を維持するのがスピンオフ（spin-off），他方，関係性を維持しないのがスピンアウト（spin-out）と定義される。

8）同上書，97－98頁。J.Zhang, *High-Tech Start-Ups and Industry Dynamics in Silicon Valley*, Public Policy Institute of California, 2003, pp.50-51.

9）J.A.Schumpeter, *Theorie der Wirtschaftlichen Entwicklung*, Dunker und Humblot, 1926, S.101.（塩野谷祐一他訳『経済発展の理論：上巻』岩波書店，1977年，183頁）。

10）*ibid.*, S.100.（邦訳，181頁）。

11）有沢広巳著『日本の経済構造と雇用問題』日本生産性本部，1957年，6頁。

12）枝川公一著『シリコン・ヴァレー物語：受けつがれる起業家精神』中央公論社，1999年，88－98頁。

13）同上書，99－108頁。W.Isaacson, *Steve Jobs*, Simon＆Schuster, 2011, pp.56-70.（井口耕二訳『スティーブ・ジョブズ Ⅰ・Ⅱ』講談社，2011年，104－125頁）。ここでのエコシステムとは，異なる事業領域に属する複数の企業が互いの核能力を発揮しながら連携し，共存共栄を図ることを意味する。IT分野などでは，エコシステムを構成する企業の数と質が競争優位性を左右する傾向が強い。

14）*ibid.*, pp.102-104.（邦訳Ⅰ，172－175頁）。

15）枝川公一著，前掲書，67－81頁。「シリコン・ヴァレーに，このような独自の気質がつくられたのには，ロバート・ノイスの企業観あるいは経営方針そのものの影響が大きかった。彼は東部の企業のやり方を嫌っていた。そこでは，硬直した階級制が会社のなかを支配していて，やがて不満が鬱積してくると，きまって争議が勃発する。また，どの企業も市場価値を追いかけることに汲々としている。彼は，こうした不愉快な現実に背を向けて西部へやってきたのである」。ノイスが勤務していたFairchild　Semiconductor社はカリフォルニア州サンノゼに本社を構えているが，親会社がニューヨークの会社であったため，東部企業の体質が子会社にも色濃く反映されていた事情がある。

16）長山宗広著『日本的スピンオフ・ベンチャー創出論：新しい産業集積と実践コミュニティを事例とする実証研究』同友館，2012年，329－334頁。

17）同上書，142－145頁。

18）「シリコンバレー4.0：変貌する革新の聖地」『週刊・日経ビジネス』日経BP社，2014年１月20日号，24－37頁。総合起業活動指数とは，成人（18－64歳）人口100人に対して，起業準備中の人と起業後３年半未満の人が合計何人いるかを表す。

19）本章「シリコンバレーにみる起業支援環境」は，2016年に同文舘出版より刊行された『中小企業マーケティングの構図』に掲載した拙稿「中小企業マーケティングとベンチャービジネスの発展」を転載したものである。本書への再録をご快諾下さった㈱同文舘出版・編集局の市川良之氏に心からの感謝を捧げたい。

【参考文献】

池本正純著『企業者とはなにか』有斐閣，1984年。

日本ビジネスモデル研究所編『ITベンチャー成功のシナリオ』中央経済社，2000年。

金井一頼他編著『ベンチャー企業経営論』有斐閣，2002年。

前田昇著『スピンオフ革命』東洋経済新報社，2002年。

稲垣京輔著『イタリアの起業家ネットワーク』白桃書房，2003年。

柳在相著『ベンチャー企業の経営戦略』中央経済社，2003年。

植田浩史他共著『中小企業・ベンチャー企業論』有斐閣，2006年。

中村久人著『ボーングローバル企業の経営理論』八千代出版，2013年。

渡辺幸男他共著『21世紀中小企業論（第３版）』有斐閣，2013年。

田中道雄著『中小企業マーケティング』中央経済社，2014年。

R.F.Hebert and A.N.Link, *The Entrepreneur：Main Stream Views and Radical Critique*, Praeger Publishers, 1982.（池本正純他訳『企業者論の系譜』ホルト・サウンダース，1984年）。

A.Saxenian, *Regional Advantage：Culture and Competition in Silicon Valley and*

Route 128, Harvard University Press, 1994.（大前研一訳『現代の二都物語』講談社，1995年）。

H.W.Chesbrough, *Open Innovation：The New Imperative for Creating and Profiting from Technology*, Harvard Business School Corporation, 2003.（大前恵一朗訳『オープンイノベーション』産業能率大学出版部，2004年）。

索　　引

人名・企業名等

事項

■ 英字・数字 ■

■ あ行 ■

■ か行 ■

■ さ行 ■

■ た行 ■

■ な行 ■

■ は行 ■

■ ま行 ■

■ や行 ■

■ ら行 ■

〈著者紹介〉

田村公一（たむら　こういち）

1960年　大阪府生まれ
松山大学大学院経営学研究科　教授
松山大学経営学部経営学科　教授

主著：『流通企業の新展開』共著，大学教育出版，1996年
『新しい社会へのマーケティング』共著，嵯峨野書院，1996年
『次世代マーケティング』共著，中央経済社，1997年
『次世代ショッピングセンター』共著，中央経済社，2000年
『現代日本の流通と社会』共著，ミネルヴァ書房，2004年
『現代の流通と政策』編著，中央経済社，2006年
『現代のマーケティング』編著，中央経済社，2007年
『中小企業マーケティングの構図』共著，同文舘出版，2016年
『シティプロモーション』共著，同文舘出版，2017年
『日本社会の活力再構築』共著，中央経済社，2018年など

流通チャネル・リンケージ論〈第2版〉
——マーケティングとロジスティクスの均衡をめざして

2011年4月20日　第1版第1刷発行
2019年1月10日　第1版第7刷発行
2020年2月10日　第2版第1刷発行
2023年2月20日　第2版第4刷発行

著者　田村公一
発行者　山本　継
発行所　㈱中央経済社
発売元　㈱中央経済グループパブリッシング
〒101-0051　東京都千代田区神田神保町1-31-2
電話　03（3293）3371（編集代表）
03（3293）3381（営業代表）
https://www.chuokeizai.co.jp
印刷／三英印刷㈱
製本／誠製本㈱

＊頁の「欠落」や「順序違い」などがありましたらお取り替えいたしますので発売元までご送付ください。（送料小社負担）

ISBN978-4-502-33261-6　C3034